JN274766

チェコ語の基本

入門から中級の入り口まで

金指 久美子 著

SANSHUSHA

●音声ダウンロード・ストリーミング

本書の付属 CD と同内容の音声がダウンロードならびにストリーミング再生でご利用いただけます。PC・スマートフォンで本書の音声ページにアクセスしてください。

https://www.sanshusha.co.jp/np/onsei/isbn/9784384056945/

CDのトラック表示について

▶ マークの箇所のチェコ語を付属CD に収録しています（日本語は収録されていません）。マークの数字はトラック番号を示します。

同じ番号のマークがありますが、

（右に ▶ の表示）はトラックの頭出しにあたる箇所の表示です。

（左右に ◀▶ の表示）は番号のトラック内に音声が収録されていることを示します。

はじめに

　これは、その名のとおり「チェコ語の基本」を身につけるお手伝いをする本です。基本ではありますが、チェコの新聞、雑誌、小説などを読んだり、演劇や映画を楽しんだり、あるいは自分の感想や意見をチェコ語で述べたり書いたりするための下地作りを目指しています。そのために必要なものは、語彙と文法です。でも、両方を一気に身につけることは、なかなか大変な作業です。そこで、この本は語彙数を限定して文法を中心に紹介することにしました。

　チェコ語の文法、つまり文を組み立てる規則は、なんとなく身につけてふだん使っている日本語とはずいぶん違います。また、英語とも違っています。英作文をする時と比べて、妙なところに気を遣わないと文ができなかったり、かと思うと「どっちでもいい」なんて鷹揚な部分もあったりで、不思議な感じがすることでしょう。英語以外の外国語を学習したことのある人にとっても同じことです。文を組み立てるとき、これまでに学習した外国語とどこが似ていてどこが違うのか、そのような類似や違いを楽しみながら学習していただけたらと思います。

　この本は大きく分けて2つの部分から構成されています。
　第1部は入門編です。文字と発音を8課に分けて少しずつ学びながら、簡単な文も覚えていきます。発音の目安として第1部にはルビが振ってありますが、付属のCDをめいっぱい活用してください。第8課を終えてそれまでのまとめの**「応用と実践」**に入るころには、名前や職業を伝えるといった必要最小限の自己紹介ができるようになっています。第1部は1課あたり4ページ、覚える単語は10個ですので、無理なく確実に進めることでしょう。
　第2部は初級編で、基本文法とその文法事項を盛り込んださまざまな文を本格的に学びます。ここからは、1課あたり6ページです。冒頭に例文が平均して5つから6つ挙げられています。最初はその課の目標を知るた

めに、CDを聞きながら日本語訳に目を通せば充分です。その下に覚えるべき単語が20個あります。これもとりあえずCDを聞いて発音してみるだけにとどめて、次のページから始まる解説に進みます。解説の中の例文を見て単語が分からないときは、その課の最初のページに戻って確認してください。もしそこにはないのなら、すでにどこかで出てきた単語です。240～249ページの**チェコ語・日本語語彙集**を見れば、意味と初出課が分かります。各課の6ページ目は練習問題です。日本語からチェコ語に訳す問題のために、250～262ページに**日本語・チェコ語語彙集**が、208～214ページには**語形変化表**がついています。第2部は**4課ごとに「応用と実践」**が出てきます。こうして、必要に応じて戻りながら進むということを繰り返しながら最後の第32課まで仕上げれば、中級文法への橋渡しをするレベルにまで到達できます。

　最後に理解度がチェックできる**最終確認テスト**をつけました。自己採点できますので、挑戦してみてください。

　この本で勉強しても、「ノリよく楽しく進んでいるうちに、いつのまにかチェコ語がペッラペラ！」なんてことはまず起こりそうにありません。旅行にすぐに役立つ気のきいた表現も出てきません。でも、旅先あるいは会話集でそんな表現に出会ったとき、その組み立て法は分かる力がついています。すてきな表現をいくつか丸ごと覚えるよりも、ずっと大事な力です。これがあれば、次からはちょっと単語を入れ替えて自分なりに表現してみることもできます。本気でチェコ語を学ぶ人を文法面から確実に支える本、それが『チェコ語の基本』なのです。

　最後になりましたが、標準的な発音でCDに吹き込んでくださった東京外国語大学非常勤講師の立古ダニエラさんに感謝いたします。

2012年5月　金指久美子

目　次

第1部　入門編 — 文字と発音・簡単な文

第1課　「これは本です」……………………………………………… 14
　　　　　記号のない文字とその発音
　　　　　1-1　ローマ字読みができる文字
　　　　　1-2　英語と同じように発音する文字
　　　　　1-3　注意の必要な文字
　　　　　1-4　これは〜です。
　　　　　1-5　これは何ですか。
　　　　　1-6　これは〜ですか。

第2課　「これは水ではありません」………………………………… 18
　　　　　記号 ´ と ° のつく文字とその発音
　　　　　2-1　記号つきの文字 ´ と °
　　　　　2-2　これは〜ではありません。
　　　　　2-3　これは〜ではないのですか。
　　　　　2-4　二重母音

第3課　「これはいい辞書です」……………………………………… 22
　　　　　記号 ˇ のついた文字とその発音、硬変化型形容詞
　　　　　3-1　記号 ˇ のついた文字
　　　　　3-2　文字 ě
　　　　　3-3　これは…な〜です。
　　　　　3-4　名詞の性の見分け方

第4課　「ペトルは技師です」………………………………………… 26
　　　　　ti, di, ni と ty, dy, ny の発音、tě, dě, ně の発音、軟変化型形容詞
　　　　　4-1　ti, di, ni と ty, dy, ny の発音
　　　　　4-2　tě, dě, ně という綴りとその発音
　　　　　4-3　軟変化型形容詞
　　　　　4-4　〜はどんなですか。
　　　　　4-5　〜は…です。
　　　　　4-6　チェコ人の姓（苗字）

第5課　「あなたは今どこにいますか」……………………………… 30
　　　　　発音の規則（無声化と有声化）、動詞 být の現在活用

5

- 5-1 無声化
- 5-2 有声化
- 5-3 動詞 být の現在活用
- 5-4 職業名や民族名

第6課　「私は学生で、エリシュカは技師です」……………… 34
語頭の j、人称代名詞
- 6-1 語頭の j の脱落
- 6-2 人称代名詞
- 6-3 私はフィリップです。学生です。
- 6-4 女性の姓の形で消える e

第7課　「この辞書はいいです」……………………………… 38
無声化（ř と sh-）、指示代名詞
- 7-1 語中の無声化（ř）と語頭の無声化（sh-）
- 7-2 その〜は誰のですか。
- 7-3 これは誰の〜ですか。
- 7-4 この〜

第8課　「これはあなたの車ですか」……………………… 42
所有代名詞、有声化を起こさない v
- 8-1 1人称と2人称の所有代名詞
- 8-2 有声化を起こさない v
- 8-3 3人称の所有代名詞
- 8-4 アルファベット

◆応用と実践 1 ………………………………………………… 46

第2部　初級編 ― 基本文法・さまざまな文

第9課 ……………………………………………………………… 50
- 9-1 動詞Ⅴ型の現在活用
- 9-2 格の用法
- 9-3 名詞の単数4格（対格）
- 9-4 格変化のときに消える e
- 9-5 4格と結びつく前置詞
- 9-6 co と kdo の4格

第10課 ·· 56
- 10-1 名詞の単数5格（呼格）
- 10-2 動詞Ⅳ型の現在活用
- 10-3 どのように話しますか
- 10-4 動詞 umět の使い方
- 10-5 チェコ人の名前と愛称

第11課 ·· 62
- 11-1 動詞Ⅲ型の現在活用
- 11-2 形容詞の単数4格（対格）
- 11-3 指示代名詞の単数4格
- 11-4 人称代名詞の4格
- 11-5 se をともなう動詞
- 11-6 「好き」の表現

第12課 ·· 68
- 12-1 動詞Ⅰ型の現在活用
- 12-2 umět と moct
- 12-3 名詞の単数6格（前置格）
- 12-4 母音交替と子音交替
- 12-5 場所を表わす前置詞 v と na
- 12-6 前置詞の母音添加

◆応用と実践2 ··· 74

第13課 ·· 76
- 13-1 形容詞の単数6格（前置格）
- 13-2 指示代名詞の単数6格
- 13-3 人称代名詞の6格
- 13-4 co と kdo の6格
- 13-5 不規則動詞 chtít, vědět, jíst の現在活用
- 13-6 「知っている」を表わす znát と vědět

第14課 ·· 82
- 14-1 名詞の単数2格（生格）
- 14-2 形容詞と指示代名詞の単数2格
- 14-3 2格と結びつく動詞と前置詞
- 14-4 人称代名詞の2格

	14-5	co と kdo の 2 格
	14-6	方向を表わす前置詞 do と na

第 15 課 ·· 88

	15-1	名詞の単数 7 格（造格）
	15-2	形容詞と指示代名詞の単数 7 格
	15-3	7 格と結びつく前置詞
	15-4	人称代名詞の 7 格
	15-5	co と kdo の 7 格
	15-6	動詞の過去形

第 16 課 ·· 94

	16-1	名詞の単数 3 格（与格）
	16-2	形容詞と指示代名詞の単数 3 格
	16-3	3 格と結びつく動詞と前置詞
	16-4	人称代名詞と co, kdo の 3 格
	16-5	場所を表わす前置詞 u と方向を表わす前置詞 k
	16-6	l 分詞の母音交替と子音交替

◆応用と実践 3 ·· 100

第 17 課 ·· 102

	17-1	動詞の体と時制
	17-2	不完了体未来
	17-3	a で終わる男性名詞の格変化
	17-4	動詞 II 型の現在活用
	17-5	動詞 II 型の l 分詞

第 18 課 ·· 108

	18-1	名詞の複数 1 格（主格）
	18-2	子音交替
	18-3	形容詞と指示代名詞の複数 1 格
	18-4	子音で終わる軟変化型の男性名詞
	18-5	特殊な不完了体未来形

第 19 課 ·· 114

	19-1	名詞の複数 4 格（対格）
	19-2	形容詞と指示代名詞の複数 4 格
	19-3	子音で終わる軟変化型の不活動体男性名詞

- 19-4　許可を表わす動詞
- 19-5　義務を表わす動詞
- 19-6　確信の有無を表わす動詞

第 20 課 ………………………………………………………… 120
- 20-1　名詞の複数 2 格（生格）
- 20-2　数量を表わす語と 2 格
- 20-3　形容詞と指示代名詞の複数 2 格
- 20-4　名詞の複数 6 格（前置格）
- 20-5　形容詞と指示代名詞の複数 6 格
- 20-6　e で終わる女性名詞の変化

◆応用と実践 4 ………………………………………………… 126

第 21 課 ………………………………………………………… 128
- 21-1　名詞の複数 3 格（与格）
- 21-2　形容詞と指示代名詞の複数 3 格
- 21-3　名詞の複数 7 格（造格）
- 21-4　形容詞と指示代名詞の複数 7 格
- 21-5　複数形名詞
- 21-6　所有代名詞 můj, tvůj, svůj の変化

第 22 課 ………………………………………………………… 134
- 22-1　子音で終わる女性名詞の変化（1）
- 22-2　命令法（子音で終わるタイプ）
- 22-3　命令法（i で終わるタイプ）
- 22-4　命令法（ej で終わるタイプ）
- 22-5　特殊な命令法
- 22-6　náš と váš の変化

第 23 課 ………………………………………………………… 140
- 23-1　子音で終わる女性名詞の変化（2）
- 23-2　3 人称の命令形
- 23-3　関係代名詞 který の用法
- 23-4　den と týden の変化
- 23-5　動詞 dát の用法

第 24 課 ･･ **146**
- **24-1** 基数詞 1〜10 の変化
- **24-2** 数詞と名詞の結びつき
- **24-3** おおよその分量を示す語の変化
- **24-4** 年齢の表現
- **24-5** co, něco, nic と形容詞

◆**応用と実践 5** ･･････････････････････････････････････ **152**

第 25 課 ･･ **154**
- **25-1** 基数詞 11〜59
- **25-2** 時間の表現（1）
- **25-3** e (ě) で終わる中性名詞の変化（1）
- **25-4** 条件法（by の用法）
- **25-5** člověk の変化

第 26 課 ･･ **160**
- **26-1** 順序数詞 1〜12
- **26-2** 時間の表現（2）
- **26-3** 条件法（aby の用法）
- **26-4** 条件法（kdyby の用法）
- **26-5** e で終わる男性名詞の変化

第 27 課 ･･ **166**
- **27-1** 順序数詞 13〜39
- **27-2** 「〜月に」の表現
- **27-3** 日付の表現
- **27-4** všechen の変化
- **27-5** e (ě) で終わる中性名詞の変化（2）

第 28 課 ･･ **172**
- **28-1** 基数詞 60〜1000
- **28-2** 年号の表現
- **28-3** 移動の動詞
- **28-4** je ＋知覚動詞の不定形
- **28-5** um で終わる中性名詞の変化

◆**応用と実践 6** ･･････････････････････････････････････ **178**

第 29 課 …………………………………………………… 180
- **29-1** 形容詞の比較級と最上級
- **29-2** 副詞の比較級と最上級
- **29-3** 比較級・最上級を用いた文
- **29-4** rád の比較級と最上級
- **29-5** 接頭辞と移動の動詞

第 30 課 …………………………………………………… 186
- **30-1** 受動分詞
- **30-2** 合成受動態
- **30-3** 再帰受動態
- **30-4** 名詞を限定する受動分詞
- **30-5** 動名詞
- **30-6** Vánoce と Velikonoce の変化

第 31 課 …………………………………………………… 192
- **31-1** 所有形容詞
- **31-2** 形容詞短語尾形
- **31-3** 多回体動詞
- **31-4** 対をなす身体名称の変化

第 32 課 …………………………………………………… 198
- **32-1** 形容詞、代名詞、数詞の特殊な複数7格語尾 ma
- **32-2** 複数形名詞につく数詞
- **32-3** 能動現在分詞
- **32-4** 関係代名詞 jenž の変化
- **32-5** 接続詞のまとめ

◆応用と実践7 …………………………………………… 204
◆最終確認テスト ………………………………………… 206

語形変化表 ………………………………………………… 208
練習問題 解答と解説 …………………………………… 215
チェコ語・日本語語彙集 ………………………………… 240
日本語・チェコ語語彙集 ………………………………… 250

この本で使われている略号・記号一覧（単語表示・変化表など）

- 男　男性名詞　　　　男複　男性の複数形名詞
- 女　女性名詞　　　　女複　女性の複数形名詞
- 中　中性名詞　　　　中複　中性の複数形名詞

- (+2)　2格（生格）と結びつくことを示す
- (+3)　3格（与格）と結びつくことを示す
- (+4)　4格（対格）と結びつくことを示す
- (+6)　6格（前置格）と結びつくことを示す
- (+7)　7格（造格）と結びつくことを示す

1. sg.	1人称単数形	:	*1. pl.*	1人称複数形
2. sg.	2人称単数形	:	*2. pl.*	2人称複数形
3. sg.	3人称単数形	:	*3. pl.*	2人称複数形

- Ⅰ　動詞Ⅰ型　　　　不規則　不規則な活用をする動詞
- Ⅱ　動詞Ⅱ型
- Ⅲ　動詞Ⅲ型
- Ⅳ　動詞Ⅳ型
- Ⅴ　動詞Ⅴ型

- 不完　不完了体動詞
- 完　完了体動詞
- 完・不完　両体動詞

比：　比較級

活　活動体
不活　不活動体

1　1格（主格）
2　2格（生格）
3　3格（与格）
4　4格（対格）
5　5格（呼格）
6　6格（前置格）
7　7格（造格）

第1部
入門編

文字と発音・簡単な文

第 1 課

「これは本です」

記号のない文字とその発音

この課で学習する文

例文1
- <ruby>Co<rt>ツォ</rt></ruby> <ruby>je<rt>イェ</rt></ruby> <ruby>to<rt>ト</rt></ruby>? 「これは何ですか」
- <ruby>To<rt>ト</rt></ruby> <ruby>je<rt>イェ</rt></ruby> <ruby>kniha<rt>クニハ</rt></ruby>. / <ruby>Kniha<rt>クニハ</rt></ruby>. 「これは本です／本です」

例文2
- <ruby>Je<rt>イェ</rt></ruby> <ruby>to<rt>ト</rt></ruby> <ruby>kniha<rt>クニハ</rt></ruby>? 「これは本ですか」
- <ruby>Ano<rt>アノ</rt></ruby>, <ruby>to<rt>ト</rt></ruby> <ruby>je<rt>イェ</rt></ruby> <ruby>kniha<rt>クニハ</rt></ruby>. 「はい、これは本です」

この課で覚える単語

a（ア）そして	kino（キノ）映画館	pivo（ピヴォ）ビール
ano（アノ）はい	kniha（クニハ）本	to（ト）これは・が
co（ツォ）何	kolo（コロ）自転車	
je（イェ）～だ・である	motorka（モトるカ）バイク	

　発音練習ではもっとたくさんの語を出しますが、各課のはじめに挙げている「この課で覚える単語」はしっかり頭に入れましょう。

1-1　ローマ字読みができる文字

　チェコ語はラテン文字（ローマ字）を使って書き表わします。そのうち、次の文字は日本語をローマ字表記するときと同じように読んで発音すれば、チェコ語として充分に通じます。

第 1 課

母音字	a	e	i	o	u			
子音字	p	b	m	t	d	n	s	z	k	g

- アクセントは第1音節にあります。母音を表わす文字の中で最初にくるところを強く発音します。
- 母音ははっきりと発音します。たとえば i [イ] は唇の左右をひっぱりますし、u [ウ] は唇を尖らせるようにします。
- z [ズ] を発音するときは、舌の先が歯もしくは歯茎の裏に当たらないように気をつけてください。

練習 1 次の語を発音しなさい。

banka「銀行」、duben「4月」、guma「消しゴム」、kus「〜個」、ne「いいえ」、maminka「お母さん」、sobota「土曜日」、zima「冬」

1-2　英語と同じように発音する文字

f：上の歯を下唇に軽く当てて [フ] と発音します。
v：上の歯を下唇に軽く当てて [ヴ] と発音します。
l：舌先を上の歯もしくは歯茎の裏に当てて [ル] と発音します。

練習 2 次の語を発音しなさい。

film「映画」、vnuk「孫」、leden「1月」、fungovat「機能する、動く」

1-3　注意の必要な文字

次の文字は、日本語や英語から類推しづらい音を表わします。しかし、発音そのものはそれほど難しくありません。

y　：3つの場合(**4-1**を参照)を除いて、iとまったく同じ発音の[イ]です。
c　：これは [ツ] と発音するときの、はじめの音です。
h　：日本語の「ハ」や「ホ」などよりも、喉の奥の方で摩擦音が聞こえます。
ch：舌の真ん中あたりと上あごの距離を短くしてそこに空気を通します。
　　k [ク] を強く発音するときにこの音が出ます。

j ：日本語の「ヤ」を発音するときに出るはじめの音とほぼ同じです。
r ：舌先を震わせる、「巻き舌」といわれる音です。

> ・チェコ語は1つの音を1つの文字で表わすのが原則ですが、chだけは2文字で1音を表わします。

練習 3 次の語を発音しなさい。
byt「アパート」、cesta「道、旅行」、chladno「寒い」、jeden「1」、koncert「コンサート」、prosinec「12月」、ryba「魚」、syn「息子」

1-4 これは〜です。

「これは」は to といいます。「です」に当たる部分は je です。その後には単数形の名詞が続きます。ですから、「これは本です」は次のようになります。

To je kniha.
（ト イェ クニハ）

1-5 これは何ですか。

疑問詞 co「何」を文頭に置き、書くときは最後に疑問符がきます。

例文1 – Co je to?
（ツォ イェ ト）
– To je kniha. / Kniha.
（ト イェ クニハ　クニハ）

1-6 これは〜ですか。

この疑問文は語順を変えて、Je to で始めます。話すときは質問する調子で文末を上げますし、書くときは最後を疑問符にします。「はい」は ano で答えます。

例文2 – Je to kniha?
（イェ ト クニハ）
– Ano, to je kniha.
（アノ ト イェ クニハ）

- この疑問文は、平叙文と同じ語順のTo je kniha? もあります。とくに口語では、To je ~? がよくでてきます。
- Ano, kniha.「はい、本です」とかAno, je.「はい、そうです」と短く答えることもよくあります。さらに、Ano.「はい」だけでもかまいません。

練習 4　次の文を日本語に訳しなさい。　解答は 215 ページ

1. Co je to? – To je kino.
2. To je kolo a to je motorka.
3. Co je to? – Kolo.
4. Co je to? – Motorka.
5. To je pivo? – Ano, pivo.
6. Je to kino? – Ano.

練習 5　次の文をチェコ語に訳しなさい。　解答は 215 ページ

1. 「これは何ですか」「これはビールです」
2. 「これはバイクですか」「はい」
3. これはバイクで、そしてこれは自転車です。

チェコの伝統食

第2課

「これは水ではありません」

記号 ´ と ゜ のつく文字とその発音

この課で学習する文

例文1　**To není voda.**　これは水ではありません。
（ト　ネニー　ヴォダ）

例文2　**Není to voda?**　これは水ではないのですか。
（ネニー　ト　ヴォダ）

この課で覚える単語

アウト auto　車	ネ ne　いいえ	ヴィーノ víno　ワイン
アウトブス autobus　バス	ネニー není　〜でない	ヴォダ voda　水
カーヴァ káva　コーヒー	スロヴニーク slovník　辞書	
ムレーコ mléko　ミルク	ストゥール stůl　机、テーブル	

2-1　記号つきの文字 ´ と ゜

　いくつかの文字の上には記号がつきます。その記号は全部で3種類ありますが、ここではそのうちの2つ、´ と ゜ のつく文字とその発音を紹介します。

　´ と ゜ は、どちらも母音を表わす文字の上につきます。すると、その母音が長く発音されることを表わします。

　チェコ語の母音を表わす文字は次の6つです。

ア	エ	イ	オ	ウ	イ
a	e	i	o	u	y

記号 ´ はこれら6つの文字の上につくことができます。

アー	エー	イー	オー	ウー	イー
á	é	í	ó	ú	ý

このうち、ó は外来語の表記にしか用いられないので、あまり見かけることがありません。

> ・この記号 ´ は長く発音することを表わすのであって、アクセントではありません。すでに述べたように、アクセントは常に第1音節にあります。

記号 ˚ も、母音を表わす文字の上につくとその母音を長く発音します。ただ、この記号は文字 u の上にしかつきません。

ウー
ů

つまり、ú と ů の発音はまったく同じ、長い u です。しかし、位置によって書き分けます。ú は語頭に書くのに対して ů はそれ以外の位置、つまり語中もしくは語末に書くのが原則です。

練習 1 次の語を発音しなさい。

brigáda「アルバイト」、brýle「眼鏡」、cíl「目的」、gól「ゴール」、léto「夏」、paní「～さん」、problém「問題」、úkol「課題」、umýt「洗う」、úterý「火曜日」、Vánoce「クリスマス」、dům「家」、schůze「会議」、stůl「机」

2-2　これは～ではありません。

je の否定形は není「～ではない」といいます。

例文1　**To není voda.**
　　　　　　ト　ネニー　ヴォダ

これを使って、「これは～ですか」という質問に「いいえ」で答えられます。

— Je to voda?
　　　イェ　ト　ヴォダ

　— Ne, to není voda.　いいえ、これは水ではありません。
　　　ネ　ト　ネニー　ヴォダ

他にも、Ne. とひとことだけという答え方もありえます。そして、Ne, není.「いいえ、そうではありません」という答え方もできます。また、Ne の後に正解が続くこともあります。

　— Je to voda?
　　　イェ　ト　ヴォダ

　— Ne, to je víno.　いいえ、これはワインです。
　　　ネ　ト　イェ　ヴィーノ

2-3　これは〜ではないのですか。

この疑問文も簡単です。Není to 〜？として、文末を質問する調子で上げればいいだけです。

例文2　**Není to voda?**
　　　　　　ネニー　ト　ヴォダ

この疑問文も To není 〜？という語順になることもあります。
答えは、「はい」なら ne を、「いいえ」なら ano を使います。

　— Ne, to není voda.　はい、これは水ではありません。
　　　ネ　ト　ネニー　ヴォダ

　— Ano, je to voda.　いいえ、これは水です。
　　　アノ　イェ　ト　ヴォダ

2-4　二重母音

チェコ語には次の 3 つの二重母音があります。

オウ	アウ	エウ
ou	au	eu

これらは２つの別々の母音として見なさず、一気に発音して１つの母音として扱います。

練習 2 次の語を発音しなさい。

dlouho「長い間」、dobrou noc「おやすみなさい」、euro「ユーロ」、restaurace「レストラン」、soukromí「プライヴァシー」

- au と eu は外来語にでてくる二重母音です。

練習 3 次の文を日本語に訳しなさい。　　　　　　解答は 215 ページ

1. To je stůl? – Ano, je.
   ト イェ ストゥール　アノ　イェ
2. Co je to? – To je víno.
   ツォ イェ ト　ト イェ ヴィーノ
3. Není to víno? – Ne, to není víno.
   ネニー ト ヴィーノ　ネ ト ネニー ヴィーノ
4. To je motorka a to je auto.
   ト イェ モトるカ ア ト イェ アウト
5. Je to slovník? – Ano, slovník.
   イェ ト スロヴニーク　アノ スロヴニーク

練習 4 次の日本語をチェコ語に訳しなさい。　　　　解答は 215 ページ

1. これはバスではありません。
2. 「これは車ですか」「はい、車です」
3. 「これは何ですか」「これは辞書です」
4. これはコーヒーではありません。
5. これはコーヒーで、そしてこれはミルクです。

クリスマス用切手

第 3 課

「これはいい辞書です」

記号 ˇ のついた文字とその発音、硬変化型形容詞

この課で学習する文

例文1 To je dobrý slovník. これはいい辞書です。
（ト イェ ドブリー スロヴニーク）

例文2 To je dobrá kniha. これはいい本です。
（ト イェ ドブらー クニハ）

例文3 To je dobré pivo. これはおいしいビールです。
（ト イェ ドブれー ピヴォ）

この課で覚える単語

dobrý（ドブリー） いい、おいしい

Eliška（エリシュカ） 女 エリシュカ（女の人の名）

film（フィルム） 男 映画

malý（マリー） 小さい

město（ムニェスト） 中 町

nádraží（ナードらジー） 中 駅

nový（ノヴィー） 新しい

Petr（ペトる） 男 ペトル（男の人の名）

starý（スタりー） 古い

velký（ヴェルキー） 大きい

3-1　記号 ˇ のついた文字

記号 ˇ はいくつかの子音を表わす文字の上につきます。

č：唇を少しとがらせぎみにして発音する［チュ］です。

š：これは［シュ］という発音になります。

ž：š の有声音に当たる、［ジュ］です。

ř ： 巻き舌の r と ž を同時に発音するという、独特な音です。

練習 1　次の語を発音しなさい。
čárka「チャールカ（記号´）」、háček「ハーチェク（記号ˇ）」、kroužek「クロウジェク（記号˚）」、řeka「川」、říjen「１０月」、škola「学校」、židle「椅子」

ň ： 日本語で「ニャ」とか「ニュ」と発音するときの、はじめの音です。
ť ： 「ニャ」と発音するときと同様に舌の真ん中あたりと上あごが触れるのですが、鼻から空気を抜かずに発音する［ちゅ］という音です。
ď ： ť の有声音で、舌の真ん中あたりと上あごが触れて出る［ぢゅ］です。

> - č と ť によって表わされる音は、舌の位置や動きが違います。結果として出てくる音も違います。聞き分けと発音の区別が大切です。
> - ž を発音するときは、舌先が上の歯の裏に当たらないように（dž という発音にならないように）気をつけてください。
> - ť, ď にはアポストロフィがついていますが、これは印刷上の制約によるものです。手で書くときは t や d の右斜め上（アポストロフィがついている位置）にハーチェク（ˇ）を書きます。

練習 2　次の語を発音しなさい。
Maďarsko「ハンガリー」、mňau「ニャー」(猫の鳴き声)、šňůra「紐」、šťastný「幸福な」

3-2　文字 ě

記号ˇは主として子音を表わす文字の上につきますが、母音を表わす文字のうち e にだけはつくことがあります。発音は je（イェ）と同じです。この文字 ě は語頭に現れることがなく、子音を表わす文字の次に書かれます。

文字 m の後に ě が続くときは、間に n を入れた［ムニェ］という発音になります。

練習 3　次の語を発音しなさい。
běhat「走る」、pět「５」、věřit「信じる」
mě「私を」、měsíc「月」、paměť「記憶」、umělec「芸術家」

3-3 これは…な〜です。

「これは辞書です」という表現はすでに学びました。To je slovník. それがどんな辞書なのか表わすときは、slovník の前に形容詞を置きます。たとえば「いい」辞書といいたければ、dobrý という形容詞を使います。

例文1 To je dobrý slovník.
（ト イェ ドブリー スロヴニーク）

ところが、別のものを「いい」というとき、dobrý の最後が少し違います。

例文2 To je dobrá kniha.
（ト イェ ドブらー クニハ）

例文3 To je dobré pivo.
（ト イェ ドブれー ピヴォ）

「いい」という語の最後の部分が ý, á, é と変わります。この変わる部分を語尾、変わらない部分を語幹といいます。名詞には男性名詞、女性名詞、中性名詞と3つのグループがあり、男性名詞には形容詞の語尾を ý に、女性名詞には á に、中性名詞には é にして整えるという規則があるのです。

男性名詞につくときに ý という語尾をもつ形容詞は硬変化型といいます。

3-4 名詞の性の見分け方

名詞がどの性に属するのか、基本的な見分け方を紹介します。

男性名詞は子音で終わります。たとえば、男の人の名前 Petr は男性名詞です。また、slovník も子音で終わっているので男性名詞です。

女性名詞は a で終わります。女の人の名前 Eliška 以外にも、kniha などが女性名詞に属します。

中性名詞は o もしくは í で終わります。ですから、pivo や nádraží は中性名詞です。

> - 子音で終わる語の中には女性名詞もあります。そして、a で終わる男性名詞も存在します。さらに、e で終わる語には男性名詞、女性名詞、中性名詞のいずれもあります。しかし、これらの語の頻度は高くないので、まずは基本となる区別を覚えましょう。

練習 4 第 1 課と第 2 課で覚えた次の名詞はどの性でしょうか。

解答は **215** ページ

auto, autobus, káva, kino, kolo, mléko, motorka, stůl, víno, voda

練習 5 次の文を日本語に訳しなさい。　　　解答は **215** ページ

1. To je velké město.
   <small>ト イェヴェルケー ムニェスト</small>
2. To není malý stůl.
   <small>ト ネニー マリー ストゥール</small>
3. Je to staré auto?
   <small>イェ ト スタレー アウト</small>
4. To je dobrý film.
   <small>ト イェ ドブリー フィルム</small>
5. To je nádraží? – Ano.
   <small>ト イェ ナードラジー アノ</small>
6. To je dobrá káva.
   <small>ト イェ ドブラー カーヴァ</small>

ヴルタヴァ川から見るプラハ城
©iStockphoto.com/Angelika Stern

第 4 課

「ペトルは技師です」

ti, di, ni と ty, dy, ny の発音、tě, dě, ně の発音、軟変化型形容詞

この課で学習する文

例文1 To je hlavní inženýr.　こちらは主任技師です。
　　　　ト　イェ　フラヴニー　インジェニール

例文2 To je hlavní pošta.　これは中央郵便局です。
　　　　ト　イェ　フラヴニー　ポシュタ

例文3 To je hlavní město.　これは首都です。
　　　　ト　イェ　フラヴニー　ムニェスト

例文4 Petr je inženýr.　ペトルは技師です。
　　　　ペトル　イェ　インジェニール

例文5 Petr je unavený.　ペトルは疲れています。
　　　　ペトル　イェ　ウナヴェニー

この課で覚える単語

hlavní（フラヴニー）　主な、主要な
inženýr（インジェニール）　男　技師
jaký（ヤキー）　どんな
náměstí（ナームニェスチー）　中　広場
Novák（ノヴァーク）　男　ノヴァーク（姓）

pan（パン）　男　～さん（男性に）
paní（パニー）　女　～さん（既婚女性に）
pošta（ポシュタ）　女　郵便局
slečna（スレチュナ）　女　～さん（未婚女性に）
unavený（ウナヴェニー）　疲れた、疲れている

4-1　ti, di, ni と ty, dy, ny の発音

第1課でiとyの発音は同じ［イ］だと述べました。ですから、mi「私に」

も my「私たちは」も [ミ] と発音します。違いはありません。ところが、t, d, n の 3 つの文字の後に書かれるときには ti, di, ni と ty, dy, ny の発音を区別します。前者の発音は t'＋i, d'＋i, ň＋i です。綴りの規則により、子音を表わす文字の方に記号をつけません。唇を左右に引っ張って [ち]、[ぢ]、[に] と発音します。舌の真ん中あたりと上あごが触れて出る音です。それに対して ty, dy, ny は舌先が上の歯もしくは歯茎の裏に当たって出る [ティ]、[ディ]、[ニ（ヌィ）] に近い音になります。長い母音、í と ý も同様に t, d, n の後では区別があります。しかし、外来語にはこの区別はあてはまらず、ti, di, ni と書いても [ティ]、[ディ]、[ニ（ヌィ）] と発音します。

練習 1 次の語を発音しなさい。

ti「君に」、ty「君は」、díky「どうも」、každý「それぞれの」、tatínek「お父さん」、týden「週」、krásný「美しい」、stipendium「奨学金」（外来語）

4-2　tě, dě, ně という綴りとその発音

文字 t, d, n の後に ě が書かれると、発音は t'＋e, d'＋e, ň＋e です。チェコ語は綴りの規則によって、記号 ˇ は子音を表わすこれら 3 つの文字にではなく、e の上に書きます。

練習 2 次の語を発音しなさい。

dítě「子ども」、kotě「子猫」、děkuji「ありがとう」、pondělí「月曜日」、něco「何か」、pravidelně「規則的に」

4-3　軟変化型形容詞

形容詞には hlavní（フラヴニー）「主な、主要な」のように í で終わるものもあります。dobrý（ドブリー）のような硬変化型に対して、こちらは軟変化型といいます。軟変化型の形容詞はどの性の名詞につくときも í のままです。ですから、男性名詞 inženýr（インジェニーる）「技師」、女性名詞 pošta（ポシュタ）「郵便局」、中性名詞 město（ムニェスト）「町」と組み合わせてみても、hlavní は hlavní のままです。

例文 1 **To je hlavní inženýr.**
（ト　イェ　フラヴニー　インジェニーる）

例文2 To je hlavní pošta.
　　　　ト　イェ　フラヴニー　ポシュタ

例文3 To je hlavní město.
　　　　ト　イェ　フラヴニー　ムニェスト

4-4　〜はどんなですか。

「どんな？」と尋ねる疑問詞は jaký といいます。疑問詞なので文頭に置きます。そして、ý で終わっているので硬変化型の形容詞と同じく名詞の性に合わせて形を整えます。

Jaký je Petr?　ペトルはどんな（人）ですか。
ヤキー　イェ　ペトる

Jaká je Eliška?　エリシュカはどんな（人）ですか。
ヤカー　イェ　エリシュカ

中性名詞なら、Jaké je 〜 ? となります。
　　　　　　　ヤケー　イェ

4-5　〜は…です。

今まで「これは」で始まる文ばかり見てきましたが、名詞も主語となりえます。たとえば、「ペトルは技師です」という文は次のようになります。

例文4 Petr je inženýr.
　　　　ぺトる　イェ　インジェニーる

述語の「…だ」に当たる部分に形容詞が入る場合、その形容詞は主語の性に合わせて形を整えます。

例文5 Petr je unavený.
　　　　ぺトる　イェ　ウナヴェニー

Eliška je unavená.　エリシュカは疲れています。
エリシュカ　イェ　ウナヴェナー

中性名詞が主語なら、〜 je unavené. という形になります。
　　　　　　　　　　イェ　ウナヴェネー

4-6 チェコ人の姓（苗字）

チェコ人の姓には Novák〔ノヴァーク〕のように子音で終わるタイプ、Smetana〔スメタナ〕のように a で終わるタイプ、Nový〔ノヴィー〕のような形容詞硬変化型のタイプが多く見られます。これらは男の人の姓の形です。女の人の姓は少し形を変えます。

　子音で終わる姓には ová〔オヴァー〕を後ろにつけます。例 Novák〔ノヴァーク〕→ Nováková〔ノヴァーコヴァー〕.
　a で終わる姓には、a を取り去ってから ová をつけます。例 Smetana〔スメタナ〕→ Smetanová〔スメタノヴァー〕.
　形容詞型は、ý を á に変えます。例 Nový〔ノヴィー〕→ Nová〔ノヴァー〕.

　名字の前には「～さん」にあたる語を前につけます。男性は pan〔パン〕、結婚している女性は paní〔パニー〕、独身の女性は slečna〔スレチュナ〕という語です。例 pan Novák〔パン ノヴァーク〕, paní Smetanová〔パニー スメタノヴァー〕, slečna Nová〔スレチュナ ノヴァー〕.

　これらの「～さん」は、名前の前にもつけることができますし、「名前＋姓」の前にもつけられます。

練習 3 日本語に訳しなさい。　　　　　　　　　解答は 216 ページ

1. Jaká je paní Nováková?〔ヤカー イェ パニー ノヴァーコヴァー〕
2. Je pan Novák hlavní inženýr?〔イェ パン ノヴァーク フラヴニー インジェニール〕
3. To je hlavní nádraží.〔ト イェ フラヴニー ナードラジー〕
4. Není to hlavní pošta?〔ネニー ト フラヴニー ポシュタ〕

練習 4 チェコ語に訳しなさい。　　　　　　　　解答は 216 ページ

1. これは本ではありません。小さな辞書です。
2. 「これはいい映画ですか」「はい、いい映画です」
3. ノヴァークさんはどんな（人）ですか。
4. 「これは何ですか」「これは中央広場（主な広場）です」

第5課

「あなたは今どこにいますか」

発音の規則（無声化と有声化）、動詞býtの現在活用

この課で学習する文

例文1
- Kde teď jsi? 「あなたは今どこにいますか」
  （グデ　テちゅ　イスィ）
- Jsem doma. 「家にいます」
  （イセム　ドマ）

この課で覚える単語

být（ビート）　～だ、ある、いる

Čech（チェふ）　男 チェコ人

Češka（チェシュカ）　女 チェコ人

doma（ドマ）　家に

Filip（フィリプ）　男 フィリップ（男の人の名）

kde（グデ）　どこで・に

Markéta（マルケータ）　女 マルケータ（女の人の名）

student（ストゥデント）　男 学生

studentka（ストゥデントカ）　女 学生

teď（テちゅ）　今

5-1 無声化

　チェコ語は原則として1つの音が1つの文字に対応していて、書いてあるとおりに読めるのですが、この課ではそうはいかない、ちょっとした調整点を紹介します。それは子音字の発音に現われます。

　チェコ語の子音は有声か無声かによって以下のように分類できます。

有声	b	v	d	ď	z	ž	g	h	ř(r+ž)	(dz)	(dž)	m n ň j l r
無声	p	f	t	ť	s	š	k	ch	ř(r+š)	c	č	

第 5 課

cとčに対応する有声音は滅多に現われないので（　）に入っています。また、m, n, ň, j, l, r には対応の無声音はありません。

　有声子音を表わす文字は、語末で無声化します。つまり有声・無声の対応のある b, v, d, d', z, ž, g, h が語末に書かれていたら、その真下の無声子音として発音します。文字řで表わされる音はrとžを同時に発音しますが、この文字が語末に書かれていたら無声化して r と š を同時に発音します。

> Track 20 ▶ 練習 1　下線部に注意して次の語を発音しなさい。
>
> a<u>ž</u>「～まで」、bato<u>h</u>「リュックサック」、<u>dř</u>ez「（台所の）流し」、hra<u>d</u>「城」、kre<u>v</u>「血」、sli<u>b</u>「約束」、te<u>d'</u>「今」、kancelá<u>ř</u>「事務所」

　hとchは、発音上は「対応する」とはいえません。hは喉の奥の方（声門）で、chは上あご（口蓋）で呼気を摩擦させる音だからです。しかし、語末の文字hの発音はchなので、「対応する」子音として扱います。

　有声子音字の無声化は語中でも起こります。その有声子音字のすぐ右に無声子音字が書かれる場合です。

> Track 21 ▶ 練習 2　下線部に注意して次の語を発音しなさい。
>
> he<u>z</u>ký「きれいな」、o<u>b</u>chod「店」、o<u>d</u>pověd'「答え」、tu<u>ž</u>ka「鉛筆」

5-2　有声化

　これは無声子音字のすぐ右に有声子音字が書かれていると、その無声子音字は対応の有声子音として発音するという規則です。

> Track 22 ▶ 練習 3　下線部に注意して次の語を発音しなさい。
>
> <u>k</u>de「どこ」、<u>k</u>do「誰」、modli<u>t</u>ba「祈り」、pro<u>s</u>ba「頼み、依頼」

⚠　・無声化・有声化は、対応していない子音も引き起こします。たとえば v<u>č</u>era「フチェラ」「昨日」は、対応の有声音があるとはいいきれないčがvの無声化を引き起こします。そして、語と語の間でも起こります。⟪例⟫<u>v</u> kině「フキニェ」「映画館で」。

5-3　動詞býtの現在活用

第4課までは、動詞は je と není しか出てきませんでした。この動詞の不定形は být です。チェコ語の動詞は主語の人称と数に従ってのべ6通りの変化をします。これを現在活用といいます。být の現在活用は次の通りです。

肯定

	単数	複数
1人称	jsem (イセム)	jsme (イスメ)
2人称	jsi (イスィ)	jste (イステ)
3人称	je (イェ)	jsou (イソウ)

否定

	単数	複数
1人称	nejsem (ネイセム)	nejsme (ネイスメ)
2人称	nejsi (ネイスィ)	nejste (ネイステ)
3人称	není (ネニー)	nejsou (ネイソウ)

左が肯定、右が否定の形です。je – není 以外は ne を前につけるだけです。

例文1　– Kde teď jsi?（グデ テチュ イスィ）
　　　　　– Jsem doma.（イセム ドマ）

これらの文は、動詞の形だけで主語の人称と数がわかります。そのため、人称代名詞は主語として現われることがあまりありません。

5-4　職業名や民族名

チェコ語で「学生」は student（ストゥデント）といいます。この単語の末尾は子音です。つまり、これは男性名詞でこの学生は男の人だということを示しています。

Filip je nový student.（フィリプ イェ ノヴィー ストゥデント）　フィリップは新入生（新しい学生）です。

女の人であれば studentka（ストゥデントカ）とします。

Markéta je nová studentka.（マルケータ イェ ノヴァー ストゥデントカ）　マルケータは新入生です。

このように、チェコ語の職業名の多くが、男性を表わす形と女性を表わ

す形を持っています。
　民族名も同様に、男の人と女の人では少し形が違います。例 Čech – Češka「チェコ人（男－女）」
　ka 以外にも ce や yně をつける例もあります。具体的には第20課の e や ě で終わる女性名詞を学んでから出てきます。

練習 4　次の文を日本語に訳しなさい。　　解答は 216 ページ

1. Kde je Petr? – Je doma.
2. Jsi inženýr? – Ano, jsem.
3. To je Filip. Je student.
4. To je Markéta. Je Češka.

練習 5　次の文をチェコ語に訳しなさい。　　解答は 216 ページ

1. こちらはフィリップです。チェコ人です。
2. フィリップとマルケータはどこにいますか。
3. 君たちは今どこにいるの。
4. ノヴァークさんは学生ではありません。技師です。
5. 中央郵便局はどこですか。

伝説の英雄ブルンツヴィーク
（イラスト：Adolf Born）

第6課

「私は学生で、エリシュカは技師です」

語頭のj、人称代名詞

この課で学習する文

例文1
ヤー　セム　フィリプ　　セム　ストゥデント
Já jsem Filip. Jsem student.
私はフィリップです。学生です。

例文2
ヤー　セム　ストゥデントカ　ア　エリシュカ　イェ　インジェニーるカ
Já jsem studentka a Eliška je inženýrka.
私は学生で、エリシュカは技師です。

この課で覚える単語

インジェニーるカ
inženýrka　囡 技師

ヤー
já　私

ミ
my　私たち

オン
on　彼（それ）

オナ
ona　彼女（それ）、それら

オニ
oni　彼ら

オノ
ono　それ

オニ
ony　彼女たち（それら）

ティ
ty　君

ヴィ
vy　君たち、あなた方、あなた

⚠ ・第4課で学んだ inženýr およびこの課で覚える inženýrka は職業名の「技師」に加えて、工学部、経済学部、農学部などの卒業者で学位をもっている人の肩書としても使います。その場合、たとえば ing. Novák と表記します。

6-1　語頭のjの脱落

第5課で示した být の現在活用形（**5-2** を参照）のうち、jsem, jsi, jsme, jste, jsou の語頭の j は発音されないことがあります。これは絶対にそうしなければならない規則ではありませんが、口語ではよく起こります。

jが発音されないのは、これが語頭にあり、次に子音が続く場合です。ですから、jdu「私は行く」やjméno「名前」のjも発音されないことがあります。たとえ語頭にあっても次に母音がくるjeや次に子音がきても語頭ではないnejsemなどのjは必ず発音します。

6-2 人称代名詞

チェコ語の人称代名詞は以下のとおりです。

		単数	複数
1		já 私	my 私たち
2		ty 君	vy 君たち、あなた方、あなた
3	男	on 彼（それ）	oni 彼ら、ony それら
	女	ona 彼女（それ）	ony 彼女たち（それら）
	中	ono それ	ona それら

　3人称には性の区別があります。しかし、3人称の男性単数を表わすonは必ずしも「彼」、つまり男の人1人を指すとは限りません。このonは前にでてきた男性名詞の単数を指すので、場合によっては物を表わす男性名詞も表わし、「それ」という意味にもなりえます。同様に、女性単数のonaも「それ」を指す可能性があります。onaの複数形onyも同じ理由により、「彼女たち」かもしれませんし、「それら」かもしれません。ただ、この表で挙げた「〜は」の形は「それ」、「それら」という意味では滅多にでてきません。この意味になるのは、第11課以降に学ぶさまざまな変化形です。

　3人称の男性複数にはoniとonyの2つがあります。oniは人あるいは動物を表わす男性名詞の複数を、onyはそれ以外の意味の男性名詞の複数を表わします。oniは男の人ばかりの「彼ら」だけでなく、男女混合の「彼ら」も表せます。つまり、1人でも男の人が含まれていたらoniを用います。

　2人称単数のtyは相手が友人や家族など親しい人が1人に対して使います（「君」）。それに対して2人称複数のvyは親しい間柄の人が2人以

上（「君たち」）、あるいはたとえ 1 人でも少し距離を置いた間柄の相手に使います（「あなた」）。そのような相手が 2 人以上のときも vy（ヴィ）を用います（「あなた方」）。

6-3　私はフィリップです。学生です。

第 5 課で、人称代名詞の主語がなくても誰の話をしているのか、動詞の形からわかるため、人称代名詞の主語は出てこないことがよくあると述べました（5-3）。しかし、口語では、特に語り出しで人称代名詞から始まることが普通です。

例文1　Já jsem Filip. Jsem student.
（ヤー　セム　フィリプ　セム　ストゥデント）

語り出し以外にも、人称代名詞の主語が出てくる場合があります。強調か対比を表わす場合です。

例文2　Já jsem studentka a Eliška je inženýrka.
（ヤー　セム　ストゥデントカ　ア　エリシュカ　イェ　インジェニーるカ）

これは já「私」と Eliška「エリシュカ」を対比させた文といえます。

6-4　女性の姓の形で消える e

4-6 でチェコ人に典型的な 3 つのタイプの姓を紹介しました。そして、男の人を表わす形と女の人を表わす形が少し異なるということも述べました。たとえば、子音で終わる Novák（ノヴァーク）という姓には ová（オヴァー）をつけて Nováková（ノヴァーコヴァー）とすると、ノヴァークさんの奥さんや娘さんを表わせます。このとき、男の人の姓の最後から 2 番目の e が消えることがあります。Čapek「チャペック」（チャペク）という姓がその例です。チャペックさんの奥さんや娘さんは Čapková（チャプコヴァー）となります。

第 6 課

Track 25 ▶ **練習 1**　次の文を日本語に訳しなさい。　　　解答は 216 ページ

1. Já jsem inženýrka a slečna Markéta je studentka.
<small>ヤー イセム インジェニーるカ ア スレチュナ マるケータ イェ ストゥデントカ</small>

2. To je pan Novák. Je inženýr.
<small>ト イェ パン ノヴァーク イェインジェニーる</small>

3. Vy jste Češka? – Ne, nejsem Češka.
<small>ヴィ ステ チェシュカ ネ ネイセム チェシュカ</small>

4. Já jsem doma. A kde jsi ty?
<small>ヤー イセム ドマ ア グデ イスィティ</small>

練習 2　次の文をチェコ語に訳しなさい。　　　解答は 216 ページ

1. 私は学生で、ペトルは技師です。
2. フィリップはどんな学生ですか。
3. 「あなたは学生ですか」「いいえ、そうではありません」
4. 「ノヴァーコヴァーさんは技師ではないのですか」「はい、そうではありません」
5. 「君は疲れているの？」「うん」
6. 「君は今家にいるの？」「はい」

カルルシュテイン城を望む

第 7 課

「この辞書はいいです」

無声化（řとsh-）、指示代名詞

この課で学習する文

例文1 Čí je to slovník?　これは誰の辞書ですか。
（チー イェ ト スロヴニーク）

例文2 Tenhle slovník je dobrý.　この辞書はいいです。
（テンフレ スロヴニーク イェ ドブリー）

この課で覚える単語

batoh　男　リュックサック（バトフ）
čí　誰の（チー）
manžel　男　夫（マンジェル）
manželka　女　妻（マンジェルカ）
sešit　男　ノート（セシト）

taška　女　バッグ（タシュカ）
ten　その（テン）
tenhle　この（テンフレ）
tento　この（テント）
tužka　女　鉛筆（トゥシュカ）

7-1　語中の無声化（ř）と語頭の無声化（sh-）

5-1 では、無声化が起こる場合を2つ紹介しました。語末の有声子音字、そして有声子音字＋無声子音字のときです。

もう1つ無声化が起こる場合があります。これは次の2つの場合に限られています。

(1) 無声子音字＋ř：文字řの前に無声子音字があると、r＋žではなくr＋šとして発音します。
(2) 語頭のsh：単語がこの文字の組み合わせで始まるときは、有声子音字hは前のsの影響で無声化し、chという発音になります。

練習 1 次の語を発音しなさい。
ostříhat「髪や爪などを切る」、příští「次の」、středa「水曜日」、tři「3」、na shledanou「さようなら」

7-2 その〜は誰のですか。

まず、「その〜」のところに注目してみましょう。形容詞と同様に、次にくる名詞の性に合わせて「その」の部分が次のように変わります。

男性　ten slovník　その辞書
女性　ta kniha　その本
中性　to auto　その車

「誰の」と尋ねる疑問詞は čí といいます。軟変化型の形容詞と同じ形なので、どの名詞の性の話をしているときでも čí のままです。

Čí je ten slovník?
Čí je ta kniha?
Čí je to auto?

7-3 これは誰の〜ですか。

これも疑問詞 čí を用いますが、少しだけ違っているところがあります。

例文1　Čí je to slovník?

Čí je to kniha?

男性名詞 slovník、女性名詞 kniha の前がそれぞれ ten, ta となっていません。「その」という意味の、次にくる名詞に合わせる代名詞ではないからです。名詞を後ろに伴わずに、それだけで主語としてはたらく「これは」という意味なので、to となっています。

ですから、中性名詞が話題となる次の文は、「その車は誰のですか」とも「これは誰の車ですか」とも解釈できます。かなり微妙です。

チーイェト　アウト
Čí je to auto?

7-4 この〜

「この」という指示代名詞は ten とよく似ています。

男性　テント スロヴニーク　テンフレ スロヴニーク
　　　tento slovník / tenhle slovník　この辞書
女性　タト クニハ　タフレ クニハ
　　　tato kniha / tahle kniha　この本
中性　トト アウト　トフレ アウト
　　　toto auto / tohle auto　この車

次にくる名詞に合わせて「その」の形を整え、さらに to か hle を加えます。意味は同じですが、to を加えた方が文語的、hle を加えた方が口語的です。

例文2　テンフレ　スロヴニーク　イェ　ドブリー
Tenhle slovník je dobrý.

タト　クニハ　イェ　ノヴァー
Tato kniha je nová.　この本は新しいです。

トフレ　アウト　イェ　スタれー
Tohle auto je staré.　この車は古いです。

⚠ ・主語として1語だけで用いられる To je 〜 . は「これは〜です」なのに、次に名詞が続く ten, ta, to は「その」と紹介しました。確かに、少し離れたところにある物を指して To je kniha.「それは本です」ということがあります。しかし、実際に手にもっていても To je kniha. といえます。
・tohle や toto が主語となる Tohle je kniha. とか Toto je kniha. という文も存在します。この場合は「これは本です」という意味のみに限定されます。

練習 2　次の文を日本語に訳しなさい。　　　　解答は 217 ページ

　　チーイェト　バトふ
1. Čí je to batoh?

　　テンフレ　セシト　イェ　ノヴィー
2. Tenhle sešit je nový.

3. Čí je ta taška?
　<ruby>チーイェ<rt></rt></ruby> <ruby>タ<rt></rt></ruby> <ruby>タシュカ<rt></rt></ruby>

4. Tato káva není dobrá.
　タト　カーヴァ　ネニー　ドブラー

5. Tohle kolo je staré.
　トフレ　コロ　イェ スタレー

6. To nádraží je velké.
　ト　ナードらジー イェ ヴェルケー

練習 3 次の文をチェコ語に訳しなさい。　　解答は **217** ページ

1. そのいい映画
2. この中央郵便局
3. その大きな中央広場
4. そのリュックは新しいです。
5. この辞書は古くて大きいです。
6. これは誰の鉛筆ですか。
7. その自転車は小さいです。
8. 「そのワインはどんなですか」「おいしいです」
9. これは誰のバイクですか。
10. この町は大きいです。

ハナー地方の民族衣装

第 8 課

「これはあなたの車ですか」

所有代名詞、有声化を起こさない v

この課で学習する文 (Track 29)

例文1
イェ ト ヴァシェ アウト
– Je to vaše auto?　「これはあなたの車ですか」

アノ ト イェ ナシェ アウト
– Ano, to je naše auto.　「はい、これは私たちの車です」

例文2
ト イェ パン ノヴァーク ア ト イェ イェホ マンジェルカ
To je pan Novák. A to je jeho manželka.
こちらはノヴァークさんで、こちらは彼の奥さんです。

この課で覚える単語 (Track 29)

アレ
ale　しかし

イェホ
jeho　彼の、その

イェイー
její　彼女の、その

イェイふ
jejich　彼らの、彼女らの、それらの

イェシュちぇ
ještě　まだ

クニホヴナ
knihovna　[女] 図書館、本棚

ムーイ
můj　私の

ナーシュ
náš　私たちの

トヴゥーイ
tvůj　君の

ヴァーシュ
váš　君たちの、あなたの、あなた方の

第 8 課

8-1　1人称と2人称の所有代名詞

1人称と2人称の所有代名詞は次にくる名詞の性に合わせて次のように形を整えます。

	私の	私たちの
男性	_{ムーイ スロヴニーク} můj slovník	_{ナーシュ スロヴニーク} náš　slovník
女性	_{モイェ クニハ} moje kniha	_{ナシェ クニハ} naše kniha
中性	_{モイェ アウト} moje auto	_{ナシェ アウト} naše auto
	君の	君たちの、あなたの、あなた方の
男性	_{トヴゥーイ スロヴニーク} tvůj　slovník	_{ヴァーシュ スロヴニーク} váš　slovník
女性	_{トヴォイェ クニハ} tvoje kniha	_{ヴァシェ クニハ} vaše kniha
中性	_{トヴォイェ アウト} tvoje auto	_{ヴァシェ アウト} vaše auto

例文1　
_{イェ ト ヴァシェ アウト}
− Je to vaše auto?

_{アノ ト イェ ナシェ アウト}
− Ano, to je naše auto.

_{イェ ト トヴゥーイ スロヴニーク}
− Je to tvůj slovník?　これは君の辞書なの？

_{ネ ネニー ムーイ}
− Ne, není můj.　ううん、私のじゃないよ。

⚠ ・所有代名詞 tvůj と váš の関係は人称代名詞の ty と vy の関係と同じです。tvůj は、友人や家族など親しい間柄の相手1人が所有者であることを示します。それに対して、親しい間柄の相手が2人以上、あるいは少し距離を置いた間柄の相手1人が所有者のときは váš です。また、そのような間柄の相手が2人以上の所有代名詞としても用いられます。

8-2　有声化を起こさない v

_{トヴゥーイ トヴォイェ}
tvůj,　tvoje を見ると、最初の tv は無声子音字＋有声子音字となっています。有声化の規則に従えば、v が t に影響を与えて [d] となるはずですが、

このvだけは前の無声子音字を有声化しません。そのため、書いてある通りの発音です。他にもkvやsvというつづりの語がありますが、vは前の無声子音字を有声化しないので、いずれも書いてある通りに発音します。

練習 1 次の語を発音しなさい。

květen「5月」、svět「世界」、svůj「自分の」、tvář「頬」

8-3 3人称の所有代名詞

3人称の所有代名詞はどの性の名詞が続こうと同じ形です。

	彼の、その	彼女の、その	彼らの、彼女らの、それらの
男性	jeho slovník イェホ スロヴニーク	její slovník イェイー スロヴニーク	jejich slovník イェイフ スロヴニーク
女性	jeho kniha イェホ クニハ	její kniha イェイー クニハ	jejich kniha イェイフ クニハ
中性	jeho auto イェホ アウト	její auto イェイー アウト	jejich auto イェイフ アウト

例文2 To je pan Novák. A to je jeho manželka.
（ト イェ パン ノヴァーク ア ト イェ イェホ マンジェルカ）

To je Eliška. A to je její kniha.
（ト イェ エリシュカ ア ト イェ イェイー クニハ）
こちらはエリシュカです。そしてこれは彼女の本です。

To jsou Petr a Eliška. A to je jejich auto.
（ト イソウ ペトる ア エリシュカ ア ト イェ イェイフ アウト）
こちらはペトルとエリシュカです。そしてこれは彼らの車です。

練習 2 次の文を日本語に訳しなさい。　　解答は **217** ページ

1. Čí je to taška? – Moje.
   （チー イェ ト タシュカ モイェ）
2. Kde je tvůj sešit?
   （グデ イェ トヴューイ セシト）
3. Tento slovník je malý, ale dobrý.
   （テント スロヴニーク イェ マリー アレ ドブリー）
4. Filip není inženýr. Je ještě student.
   （フィリプ ネニー インジェニール イェ イェシュチェ ストゥデント）

8-4　アルファベット abeceda

チェコ語のアルファベットをここでまとめておきます。

A a / Á á	H h	O o / Ó ó	U u / Ú ú / ů
B b	Ch / ch	P p	V v
C c	I i / Í í	Q q	W w
Č č	J j	R r	X x
D d	K k	Ř ř	Y y / ý
Ď ď	L l	S s	Z z
E e / é / ě	M m	Š š	Ž ž
F f	N n	T t	
G g	Ň ň	Ť ť	

- 母音を表わす文字は、記号がついていてもいなくても1つにまとめられます。小文字しかないものは、通常、語頭にくることがありません。
- ch はアルファベット表では h の後にきます。
- 記号のついた母音字の名称は以下の通りです。

　　Á, á : dlouhé a（ドロウヘー アー）　　Ó, ó : dlouhé o（ドロウヘー オー）
　　é　 : dlouhé e（ドロウヘー エー）　　Ú, ú : dlouhé u（ドロウヘー ウー）
　　ě　 : e s háčkem（エース ハーチュケム）　ů　 : dlouhé u s kroužkem（ドロウヘー ウース クロウシュケム）
　　Í, í : dlouhé i（ドロウヘー イー）

- 外来語にしか用いられないため、出現頻度の低い文字があります。q は［クヴ］と発音します。最近は綴りも kv としています。w は v と同じ発音です。x は［クス］あるいは［グズ］という発音です。例 taxi［タクスィ］「タクシー」、existence［エグズィステンツェ］「存在」。

練習 3　次の文をチェコ語に訳しなさい。　　解答は217ページ

1. こちらはノヴァーコヴァーさんで、こちらは彼女の夫です。
2. 「これはあなたのリュックですか」「はい、私のです」
3. これは私たちの新しい図書館です。
4. 鉛筆は古いですが、ノートはまだ新しいです。
5. 私は大きいですが、妻は小さいです。

応用と実践 1

解答は **217** ページ

練習 1 次のあいさつを発音しなさい。太字は後の練習3〜8にでてきます。

Dobré ráno.　おはようございます。
Dobrý den.　こんにちは。
Dobrý večer.　こんばんは。
Na shledanou.　さようなら。
Dobrou noc.　おやすみなさい。
*Ahoj.　やあ／またね。（会うときも別れるときも、朝昼晩いつでも使えます。）
*Čau.　やあ／またね。（会うときも別れるときも、朝昼晩いつでも使えます。）
Děkuji vám.　ありがとうございます。
*Díky.　どうも。
Jak se máte?　お元気ですか。
*Jak se máš?　元気？
Těší mě.　はじめまして。　　　　＊のついているあいさつは ty に対して使います。

練習 2 次の単語を覚えましょう。

ブらトる
bratr　男 兄、弟

チャペク
Čapek　男 チャペック（姓）

ぢーフカ
dívka　女 少女、女の子

ふラペツ
chlapec　男 少年、男の子

ヤン
Jan　男 ヤン（男の人の名）

ヤナ
Jana　女 ヤナ（女の人の名）

ヤポネツ
Japonec　男 日本人

ヤポンカ
Japonka　女 日本人

カマらート
kamarád　男 友人

カマらートカ
kamarádka　女 友人

グド
kdo　誰

ミラン
Milan　男 ミラン（男の人の名）

ノヴィー
Nový　ノヴィー（姓）

プろフェソる
profesor　男 教授

プろフェソるカ
profesorka　女 教授

セストら
sestra　女 姉、妹

スロヴァーク
Slovák　男 スロヴァキア人

スロヴェンカ
Slovenka　女 スロヴァキア人

スメタナ
Smetana　男 スメタナ（姓）

タケー
také　〜も

46

Track 34 ▶ **練習 3** 次の文章を日本語に訳しなさい。

　　　ドブリー　デン　ヤー　セム　フィリプ　　セム　ストゥデント
　　　Dobrý den. Já jsem Filip. Jsem student.

　　　ト　イェ　モイェ　　カマらートカ　　マルケータ　　マルケータ　イェ　タケー　ストゥデントカ
　　　To je moje kamarádka Markéta. Markéta je také studentka.

◀ **Track 34** ▶ **練習 4** 練習3の文章の語り手を女の人にします。（ ）の中に適切な語を入れなさい。

　　　ドブリー　デン　ヤー　セム　　マルケータ　　　セム
　　　Dobrý den. Já jsem Markéta. Jsem (　　　　　).

　　　ト　イェ　　　　　　　　　　　　　　　フィリプ　フィリプ　イェ　タケー
　　　To je (　　) (　　　　　　　) Filip. Filip je také (　　　　　　).

◀ **Track 34** ▶ **練習 5** 日本語に訳しなさい。人を引き合わせる場面です。

　　　ペトる　　　　　　　　ト　イェ　ムーイ　ブらトる　ミラン　　ト　イェ　プろフェソる　ヤン　ノヴィー
　　　Petr　　　: To je můj bratr Milan. To je profesor Jan Nový.

　　　プろフェソる　　　ヤン　ノヴィー　ちぇシー　ムニェ
　　　Profesor : Jan Nový. Těší mě.

　　　ミラン　　　　　　ミラン　チャペク　ちぇシー　ムニェ
　　　Milan　　 : Milan Čapek. Těší mě.

◀ **Track 34** ▶ **練習 6** 上の会話を、女性ばかりの登場人物に変えます。（ ）の中に適切な語を入れなさい。姓は練習5にでてきたものを女性の形にします。

　　　エリシュカ　　　　　　ト　イェ　　　　　　　　　セストら　マルケータ　　ト　イェ
　　　Eliška　　 : To je (　　　　　　　　) sestra Markéta. To je

　　　　　　　　　　プろフェソるカ　ヤナ
　　　　　　　　　 profesorka Jana (　　　　　　　).

　　　プろフェソるカ　ヤナ　　　　　　　　ちぇシー　ムニェ
　　　Profesorka : Jana (　　　　　　). Těší mě.

　　　マルケータ　　　　　マルケータ　　　　　　　ちぇシー　ムニェ
　　　Markéta　 : Markéta (　　　　　　). Těší mě.

⇨ 「応用と実践1」次ページへ続く

Track 35 ▶ 練習 7　日本語に訳しなさい。学生どうしが自己紹介する場面です。

_{フィリプ　アホイ　ヤー　セム　フィリプ}
Filip　：Ahoj, já jsem Filip.

_{ヒロシ　アホイ　ヤー　セム　ヒロシ　セム　ノヴィー　ストゥデント}
Hiroši：Ahoj, já jsem Hiroši, jsem nový student.

_{フィリプ　ティ スィ　ヤポネツ}
Filip　：Ty jsi Japonec?

_{ヒロシ　アノ　グド イェ タ ヂーフカ}
Hiroši：Ano. Kdo je ta dívka?

_{フィリプ　ト イェ ヤナ　イェ ト タケー ノヴァー ストゥデントカ}
Filip　：To je Jana. Je to také nová studentka.

_{ヒロシ　イェ チェシュカ}
Hiroši：Je Češka?

_{フィリプ　ネ　スロヴェンカ}
Filip　：Ne. Slovenka.

Track 35 ▶ 練習 8　上のやり取りを、男女を入れ替えて作りなさい。

_{フィリップ　マルケータ　ヒロシ　りさ　ヤナ　ミラン}
Filp → Markéta, Hiroši → Risa, Jana → Milan とします。

温泉地として知られるカルロヴィ・ヴァリ

48

第2部
初級編

基本文法・さまざまな文

第 9 課

この課で学習する文

例文1
– **Co dělá Filip?** 「フィリップは何をしていますか」
– **Snídá.** 「朝食をとっています」

例文2 **Markéta poslouchá hudbu.**
マルケータは音楽を聞いています。

例文3 **Znám Karla.** 私はカレルを知っています。

例文4 **Tahle kniha je pro syna.** この本は息子のためのものです。

例文5 **Koho znáš?** 君は誰を知っているの。

この課で覚える単語

běhat 走る	na (+4) 〜の上へ・に
čekat (na+4) 待つ	obědvat 昼食をとる
dcera 女娘	obvykle 普通、通常
dělat する、作る	pes 男犬
deštník 男傘	poslouchat 聞く
hledat 探す	pro (+4) 〜のために、〜のための
hudba 女音楽	snídat 朝食をとる
Karel 男カレル（男の人の名）	syn 男息子
kočka 女猫	tam そこで・に、そこへ・に
mít 持つ	znát 知る、知っている

- dcera は語頭の d（無声化した t）を発音しません。

9-1 動詞Ⅴ型の現在活用

　動詞の現在活用は大別して5つの規則的なパターンに分けられ、Ⅰ型、Ⅱ型、Ⅲ型、Ⅳ型、Ⅴ型とローマ数字で表わすのが習慣です。第5課で学んだ být はこれらの型のいずれにも属さない不規則型です。

　この課ではⅤ型を学びます。Ⅴ型は不定形が at または át で終わる動詞

が多く属します。

dělat「する、つくる」

	単数	複数
1人称	dělám	děláme
2人称	děláš	děláte
3人称	dělá	dělají

znát「知っている」

	単数	複数
1人称	znám	známe
2人称	znáš	znáte
3人称	zná	znají

不定形の最後の2文字を取り去ってから、主語の人称と数に合わせて -ám, -áš, -á, -áme, -áte, -ají という語尾をつけます。V型の変化をする動詞には、他に běhat「走る」、čekat「待つ」、hledat「探す」、obědvat「昼食をとる」、poslouchat「聞く」、snídat「朝食をとる」などがあります。

例文1 — Co dělá Filip?
— Snídá.

質問の Co dělá Filip? は職業を尋ねるときにも使えます。したがって、文脈によっては Je student.「学生です」という答えもありえます。

不定形は at または át で終わっていませんが、mít「持つ」もV型に属する重要な動詞です。この動詞も、不定形の最後の2文字を取り去ってから主語の人称と数に合わせて語尾をつけます。

mít「持つ」

	単数	複数
1人称	mám	máme
2人称	máš	máte
3人称	má	mají

> - チェコ語には進行中の動作を表わす特別な形はありません。動詞を現在活用させれば、「～する」に加えて「～している」という意味も表わせます。
> - 動詞を現在活用させればすべて「～している」という意味を表わせるとは限りません。チェコ語の動詞は原則として不完了体と完了体のいずれかに分けられます。そして、進行中の動作を表わせるのは不完了体動詞の方です。動詞の体については第17課でより詳しく学びます。

否定は、ne を現在活用形の前につけるだけです。分かち書きはせずに書きます。これはⅤ型に限らず、すべての型の動詞にあてはまります。je – není という特殊な否定形をもっているのは být だけです。

– Milan běhá?　「ミランは走っていますか」
– Ne, neběhá.　「いいえ、走っていません」

9-2　格の用法

　文を作るとき、日本語は名詞に「てにをは」をつけることによって、その語の文中での役割を表わします。たとえば、「本」に「は」をつけることによって主語を表わし、「を」をつけることによって直接目的を表わすといった具合です。チェコ語はこの文中の役割を主として格語尾をつけかえるという方法によって表わします。格は7つあります。

1格（主格）　：主語として機能する形です。「は」や「が」の形に相当します。「これは〜です」の「〜」や辞書の見出し語もこの形です。
2格（生格）　：主として所有を表わします。「の」の形に当たります。
3格（与格）　：主として間接目的を表わします。「に」の形に当たります。
4格（対格）　：主として直接目的を表わします。「を」の形に当たります。
5格（呼格）　：呼びかけるときに用いる形です。
6格（前置格）：必ず前置詞と共に用いられる形です。意味は前置詞次第です。
7格（造格）　：主として道具や手段を表わす形です。

　この順番で番号を振って格の名称を表わすのが、習慣となっています。

9-3　名詞の単数4格（対格）

　この課では直接目的語の「〜を」の形、4格（対格）を学びます。 3-4 で取り上げた、子音で終わる男性名詞、a で終わる女性名詞、o または í で終わる中性名詞に絞って、この格の語尾を見てみます。ただし、子音で終わる語のうち、ハーチェク（ˇ）のついた子音字および c, j で終わ

る男性名詞の変化は第18課で学習します。ですからこれまでに覚えた単語のうち chlapec と Japonec の4格はそれまで待ってください。

男性名詞をこの形にするには、まず意味を確認します。人や動物（活動体）か、そうでない（不活動体）かによって異なるからです。

活動体の男性名詞には語尾 a をつけます。**例** student → studenta.

不活動体の男性名詞は1格（主格）と同じ形で、何の語尾もつけません。**例** film → film.

女性名詞は、語尾の a を u に交替します。**例** pošta → poštu.

中性名詞は、o で終わる語も í で終わる語も1格と同形です。**例** město → město, nádraží → nádraží.

例文2 **Markéta poslouchá hudbu.**

hudbu は4格形です。4格で語尾が u となるのは、a で終わる女性名詞ですから、1格は hudba「音楽」です。

9-4 格変化のときに消える e

「私はペトルを知っています」は、動詞 znát の現在活用形と Petr の4格形を組み合わせて次のようになります。

Znám Petra.

このペトルを Karel「カレル」に変えてみます。

例文3 **Znám Karla.**

4格語尾の a がついただけではなく、後ろから2番目の e が消えています。4格に限らず他の格でも、何か語尾がつくと、後ろから2番目の e は消えます。次の文の4格もその例です。

Máme psa.　私たちは犬を飼っています。

psa は4格形です。この格のときに語尾 a がついているので、これは活動体の男性名詞です。しかも、e が消えた上で語尾がついています。ということは、1格の形は pes「犬」です。

この例文のように、動詞 mít は「持つ」以外にも、動物や人を目的語として取って、「飼っている」とか「いる」といえます。**例** Máme dceru.「私たちには娘がいます」。

9-5　4格と結びつく前置詞

　6格（前置格）は必ず前置詞とともに用いられると述べました。ところが、すべての前置詞が6格と結びつくわけではありません。前置詞は1格と5格（呼格）以外の格となら結びつく可能性があります。どの前置詞がどの意味のときにどの格と結びつくのか、その都度覚える必要があります。
　4格と結びつく前置詞には、pro「～のために」があります。

例文4　**Tahle kniha je pro syna.**

　動詞 čekat「待つ」は4格の目的語と直接結びつかず、前置詞 na＋4格で「～を待つ」といえる動詞です。

Milan a Petr tam čekají na autobus.
ミランとペトルはそこでバスを待っています。

　本来、4格と結びつく na には「～の上へ」という意味があるのですが、čekat と組み合わされているときには、その意味はありません。いくつかの動詞は名詞と直接結びつかず、前置詞＋名詞と結びつくのです。

9-6　coとkdoの4格

　co の4格はすでにでてきました。Co dělá Filip? の co です。つまり、1格と同じ形です。
　前置詞と結びつくときの4格は -č となることもあります。これは前置詞の後につけて1語にします。例 Nač čekají Milan a Petr?「ミランとペトルは何を待っているのですか」。
　この nač という形は文語的なので、Na co čekají Milan a Petr? と co を使う方が多く聞かれます。
　kdo の4格は koho です。こちらには、前置詞と結びつくときの短い形はありません。

例文5　**Koho znáš?**

Na koho čekáte?　誰を待っているのですか。

第 9 課の練習問題　解答は 218 ページ

練習 1　次の語を 4 格（対格）に変えなさい。2 語の場合はそれぞれ変えます。

1. auto
2. Jan
3. náměstí
4. kamarádka
5. stůl
6. inženýr
7. slečna Eliška
8. pan Novák

練習 2（Track 37）　次の文を日本語に訳しなさい。

1. Máte bratra? – Ne, nemám.
2. Co dělá Eliška? – Je inženýrka.
3. Pro koho je to? – To je pro Markétu.
4. Filip tam poslouchá hudbu.
5. Máš deštník? – Ano, mám.
6. Kde obvykle obědváte? – Doma.
7. Znáte pana inženýra Nováka?
8. Co hledáš? – Hledám tužku.

練習 3　次の文をチェコ語に訳しなさい。

1. 「ヤンを知っていますか」「いいえ、知りません」
2. 私たちは普通、家で朝食をとります。
3. 「誰を探しているの」「マルケータを探しているんだ」
4. 「猫を飼っていますか」「はい、飼っています」
5. ヤンとミランはヤナを待っています。
6. そのバイクはヤンのためのものです。
7. カレル・チャペックをご存知ですか。
8. 「何をしているの」「ノートを探しているんだ」

第 10 課

この課で学習する文

例文1 **Dobrý den, pane Nováku!** こんにちは、ノヴァークさん。

例文2 **Filip mluví anglicky.** フィリップは英語を話します。

例文3 **Jak mluví Filip?** フィリップはどのように話しますか。

例文4 **Jan umí rychle běhat.** ヤンは速く走れます。

例文5 **Filipe, umíš anglicky?** フィリップ、英語はできるの。

この課で覚える単語

anglicky　英語で
babička　女 おばあさん
dědeček　男 おじいさん
dobře　よく、上手に
jak　いかに、どのように
klidně　静かに、平安に
mluvit　話す
myslet　*3. pl.*: -ejí /-í　思う、考える
potichu　静かに、そっと
rychle　速く

řídit　運転する
slyšet　*3. pl.*: -í　聞こえる
spát　眠る
stát　立っている
umět　*3. pl.*: -ějí /-í　できる
vařit　沸かす、ゆでる、料理をする
večeřet　*3. pl.*: -ejí /-í　夕食をとる
velmi　とても、非常に
vidět　*3. pl.*: -í　見える
že　〜ということ

> - 第3課で学んだ starý には「古い」という意味のほかに「年老いた」という意味もあります。
>   Náš dědeček je velmi starý.　うちのおじいさんはとても年をとっています。
> - myslet にはもう1つ、文語的な myslit という不定形もあります。現在活用の語尾は同じです。現在活用については **10-2** を参照のこと。
> - klidně も potichu も「静かに」という意味ですが、前者は動きが少なくて静かな様子を、後者は騒音が少なくて静かな様子を表わします。

10-1　名詞の単数5格（呼格）

チェコ語には呼びかけ専用の形があります。

男性名詞には、e か u という語尾をつけます。子音 k, g, h, ch の後には u、それ以外は e です。例 Novák → Nováku, Filip → Filipe.

例文1　Dobrý den, pane Nováku!

ただ、1格（主格）が子音字＋r で終わる男性名詞は、e をつけるだけではなく r を ř に変えます。例 Petr → Petře.

女性名詞は語尾 a を o に替えます。例 Markéta → Markéto.

中性名詞には5格の形はありません。常に1格の形で呼びかけます。

> - 長い母音で終わる名詞、たとえば姓の Nový や Nováková などは1格の形で呼びかけます。例 Dobrý den, paní Nováková! これは、形容詞の形だからです。形容詞や代名詞は1格と5格が常に同じ形です。
> - 4格（対格）は、男性名詞の活動体と不活動体でつける語尾が違いましたが、5格は同じ語尾です。
> - 口語では、敬称の「～さん」だけを5格にして、続く姓や名前は変化させません。例 Dobrý den, pane Novák!
> - r で終わる男性名詞の5格が ře となるのは r の前が子音のときです。r の前が母音の profesor は、規則通りに語尾 e をつけて5格にします。例 profesore!
> - syn の5格は特殊で、語尾は e ではなく u です。例 synu!

10-2　動詞Ⅳ型の現在活用

この型の変化をする動詞の多くが、不定形が it か ět (et) で終わります。

mluvit「話す」

	単数	複数
1人称	mluvím	mluvíme
2人称	mluvíš	mluvíte
3人称	mluví	mluví

umět「できる」

	単数	複数
1人称	umím	umíme
2人称	umíš	umíte
3人称	umí	umějí, umí

不定形の最後の2文字を取り去ってから、ím, íš, í, íme, íte, í あるいは ějí (ejí) という語尾を主語の人称と数に合わせてつけ替えます。

例文2　Filip mluví anglicky.

　不定形が it で終わる動詞の3人称複数形の語尾は必ず í です。ět (et) で終わる場合は、umět のように2種類の語尾をもっている動詞もあれば、í しかない動詞もあります。たとえば、vidět「見える」の3人称複数形は vidí だけです。このように、不定形が ět (et) で終わるIV型の動詞の3人称複数形はその都度覚えなくてはならないので、「この課で覚える単語」に *3. pl.* として語尾を挙げてあります。

　ハーチェク（ˇ）のついた č, š, ž, ř という文字と c, j, s, z, l という文字の後にはě を書けず e を書くという綴りの規則があります。そのため、večeřet「夕食をとる」は不定形が et で終わっていますし、3人称複数形も večeřejí と書きます。この動詞には večeří という3人称複数形もあります。

　IV型の活用をする動詞には、他に myslet「思う、考える」、řídit「運転をする」、slyšet「聞こえる」、vařit「沸かす、ゆでる、料理をする」、などがあります。

　Myslím, že Milan je teď doma.　ミランは今家にいると思います。

spát「眠る」

	単数	複数
1人称	spím	spíme
2人称	spíš	spíte
3人称	spí	spí

stát「立っている」

	単数	複数
1人称	stojím	stojíme
2人称	stojíš	stojíte
3人称	stojí	stojí

　これらの動詞もIV型の活用をします。不定形を見ると、前の課で学習したV型の変化をしそうな感じがします。ところが、そうではなくIV型の語尾をつけるので気をつけてください。

　Syn klidně spí.　息子はすやすや眠っています。

10-3 どのように話しますか

「どのように」と尋ねる疑問詞は jak といいます。

例文3　Jak mluví Filip?

この文はフィリップの話しぶりを尋ねています。答えは Rychle.「早口です」とか Potichu.「静かです」のように、副詞で表わせます。

この jak は他の副詞や形容詞と組み合わせて、「どの程度」なのか訊くこともできます。また、驚きや感動を表わすときにも jak と副詞や形容詞の組み合わせが出てくることがあります。

Jak dobře Filip mluví anglicky!
フィリップはなんと上手に英語を話すことだろう。

10-4 動詞 umět の使い方

この動詞は他の動詞の不定形と組み合わせて「～することができる」といえます。

例文4　Jan umí rychle běhat.

Karel umí vařit. カレルは料理上手です。
(「カレルは料理ができます」から発展して「料理が上手だ」という意味になります)

また、「～語で」という意味の副詞と共に用いて、「～語ができる」も表わせます。この場合、動詞の不定形はとくに必要ありません。

例文5　Filipe, umíš anglicky?

10-5 チェコ人の名前と愛称

男の人で多いのは次の名前です。Jan, Jaroslav, Jiří, Josef, Pavel, Petr, Tomáš. このうち Josef は書いてあるとおりの発音ではなく、[ヨゼフ] と s を有声の z として発音します。一方、女の人で多いのは次の名前です。Anna, Eva, Jana, Lenka, Marie, Petra, Věra.

名前はカレンダーを基にしてつけることがあります。カレンダーを見ると毎日１人ないし２人の聖人の名前が割り振られています。たとえば、５月26日は Filip の日です。そのため、この日に生まれた男の子に Filip という名前をつけるという方法です。他にも、尊敬する人とか先祖の名前をもらうこともあります。日本ではちょっと考えられないのですが、親子で同じ名前という例も少なくありません。

　こんな風につける名前なので、日本語の名前と比べるとずっと種類が少ないし、そもそもどう読んだらいいのだろうという問題は起こりません。それでも流行があります。たとえば、Josef や Marie は比較的高い年代の人に多く見られます。そして最近では男の子に Filip, Martin など、そして女の子には Tereza, Kristýna などといった西欧風の名前をつける例が増えてきました。

　これらの名前からできる愛称は実際の生活でよく使われています。愛称の作り方には決まりがあります。その作り方はとても多いので、代表的なものを少しだけ紹介します。Jan → Honza, Jiří → Jirka, Josef → Pepík, Eva → Evička, Marie → Mařenka, Tereza → Terezka. １つの名前からいくつもの愛称ができることも珍しくありません。たとえば、Jan の愛称としては Honza の他にも Jenda, Jeník, Honzík なども使われます。

　男の人の名前から作られる愛称は a で終わることがよくあります。これは a で終わる男性名詞として格変化をするので、第17課でしっかり学びます。ただ、これまでに学んだ４格と５格は女性名詞と同じ語尾なので覚えておきましょう。

　　Čekám na Honzu.　私はホンザを待っています。
　　Ahoj, Honzo!　やあ、ホンザ。

『こいぬとこねこはゆかいななかま』
(イラスト：Josef Čapek)

練習 1 次の語を5格（呼格）に変えなさい。

1. paní inženýrka
2. profesor Nový
3. sestra
4. slečna Markéta
5. pan Čapek
6. Jana Čapková
7. Karel
8. bratr

練習 2 次の文を日本語に訳しなさい。

1. Co dělá Markéta? – Vaří kávu.
2. Karel a Markéta umějí velmi dobře anglicky.
3. Babička je stará, ale dobře vidí a dobře slyší.
4. Co dělá pan Novák? – Řídí auto.
5. Karle, kde obvykle večeříš?
6. Jak rychle běhá Jan!
7. Jano, umíš vařit? – Ano, umím.
8. Myslíte, že je to váš deštník?

練習 3 次の文をチェコ語に訳しなさい。

1. 私たちは普段家で夕食をとります。
2. その教授はスロヴァキア人だと思います。
3. ペトル、君はとても早口だね。
4. フィリップは車を運転できません。
5. 私は英語ができませんが、妹は上手に話します。
6. おじいさんはとても年をとっていて、耳が聞こえません。
7. ミラン、まだ眠っていないの。
8. ペトルは私が日本人だと思っています。

第 11 課

この課で学習する文

例文1 **Milan studuje češtinu.** ミランはチェコ語を専攻しています。

例文2 **Markéta studuje anglickou literaturu.**
マルケータは英文学を専攻しています。

例文3 **Znám tohoto studenta.** 私はこの学生を知っています。

例文4 **To je Filip. Znám ho dobře.**
これはフィリップです。私は彼をよく知っています。

例文5 **Jak se jmenujete?** お名前はなんというのですか。

例文6 **Máte rád kávu?** コーヒーはお好きですか。

この課で覚える単語

anglický　イギリスの、英語の
angličtina　女 英語
český　チェコの、チェコ語の
čeština　女 チェコ語
hrát（na+4）　演奏する
jako　〜として
jazyk　男 言語
jmenovat se　〜という名前だ
klavír　男 ピアノ
literatura　女 文学

malovat　絵を描く
maminka　女 お母さん
nebo　あるいは
pít　飲む
potřebovat　必要とする
pracovat　働く
rád　好きだ、喜んで
sebe　自分自身
studovat　研究する、専攻する
tatínek　男 お父さん

11-1　動詞Ⅲ型の現在活用

不定形が ovat で終わる動詞は必ずこの型の変化をします。

studovat「研究する、専攻する」

	単数	複数
1人称	studuji, studuju	studujeme
2人称	studuješ	studujete
3人称	studuje	studují, studujou

不定形の ovat を取り去ってから語幹に uj をつけ、さらに語尾を主語の人称と数に合わせてつけ替えます。

例文1 Milan studuje češtinu.

> ・1人称単数形には i と u、3人称複数形には í と ou とそれぞれ2種類の語尾があります。i や í という語尾をつけた方が改まった場面で用いられ、u や ou の方は口語的です。

Ⅲ型の動詞には他に、pracovat「働く」、potřebovat「必要とする」、malovat「絵を描く」などがあります。

不定形の最後が ovat でなくてもⅢ型の変化をする動詞があります。

hrát「演奏する」

	単数	複数
1人称	hraji, hraju	hrajeme
2人称	hraješ	hrajete
3人称	hraje	hrají, hrajou

pít「飲む」

	単数	複数
1人称	piji, piju	pijeme
2人称	piješ	pijete
3人称	pije	pijí, pijou

語幹の母音が短くなっているところに気をつけてください。Ⅲ型の特徴は、語尾の直前に j がある点です。

Dcera pije mléko.　娘はミルクを飲んでいます。

11-2　形容詞の単数4格（対格）

名詞が4格（対格）になったら、それに合わせて形容詞も形を変えます。

	硬変化型		軟変化型	
	語尾	例	語尾	例
男・活	ého	nového	ího	hlavního
男・不活	＝1格（ý）	nový	＝1格（í）	hlavní
女	ou	novou	＝1格（í）	hlavní
中	＝1格（é）	nové	＝1格（í）	hlavní

この表からわかるように、形容詞の語尾が1格（主格）と異なるのは、活動体の男性名詞につくとき（硬変化型、軟変化型とも）と女性名詞につ

くとき（硬変化型のみ）です。

例文2　**Markéta studuje anglickou literaturu.**

　この文の形容詞は anglickou と、語尾が ou となっています。literatura「文学」の４格形 literaturu につく形だからです。

　Milan studuje český jazyk.　ミランはチェコ語を専攻しています。

　jazyk「言語」は不活動体の男性名詞ですから、形容詞 český は１格と同じ形です。「チェコ語」は čeština とも český jazyk ともいえます。
　姓の Nový や Nováková などは、形は形容詞です。そのため、格変化も形容詞と同じです。Nový であれば活動体男性名詞につく４格の形に、Nováková であれば女性名詞につく４格の形にします。

　Znáte profesora Nového?　ノヴィー教授をご存知ですか。
　Znáte profesorku Novákovou?　ノヴァーコヴァー教授をご存知ですか。

11-3　指示代名詞の単数４格

　ten「その」や tento / tenhle「この」も名詞の性・数・格に合わせて形を変えます。単数４格の名詞につくときに形が変わるのは、硬変化型の形容詞と同じく活動体男性名詞につくときと女性名詞につくときです。不活動体男性名詞と中性名詞の４格につくときの形は１格のときと同じです。

男・活	toho	tohoto / tohohle
男・不活	ten	tento / tenhle
女	tu	tuto / tuhle
中	to	toto / tohle

　名詞の４格に合わせる「その」の後に to や hle をつけると、「この」の４格ができます。

例文3　**Znám tohoto studenta.**

　Slyšíte tu hudbu?　その音楽が聞こえますか。

11-4　人称代名詞の4格

		単数	複数
1人称		mne; mě	nás
2人称		tebe; tě	vás
3人称	男	（活）jeho (něho), jej (něj); ho	（3性共通） je (ně)
		（不活）jej (něj); ho	
	女	ji (ni)	
	中	je (ně), jej (něj); ho	

　セミコロン（;）の前は長形、後は短形です。長形は強調するとき（主として文頭で）、あるいは前置詞と共に用いられます。強調しないときに用いられる短形は文頭から2番目に置きます。

例文4　**To je Filip. Znám ho dobře.**

　この「2番目」は意味のつながりを重視した上での2番目です。

Můj tatínek ho zná dobře.　私のお父さんは彼をよく知っています。

　ho は3番目の語のようです。しかし、můj tatínek「私のお父さん」で1つのまとまりとなっていますから、これで2番目の位置と見なします。
　ただし、1人称単数の mě は短形でありながら前置詞の後にも、強調する場合にも用いられます。長形の mne は文語的です。そして、3人称中性単数の je (ně) は前置詞と共にも、強調しないときにも用いられます。
　（　）の中は、前置詞と共に用いられるときの形です。つまり、jで始まる形はその j を n に替え、直後に e があるときはそれを ě にします。

Čekáme na něho.　私たちは彼を待っています。

　再帰代名詞 sebe も覚えましょう。必ず主語と同一の人称と数を示すので、1格の形がありません。4格で長形 sebe、短形 se となります。se については次の **11-5** を見てください。

11-5　se をともなう動詞

　チェコ語には jmenovat se「～という名前だ」のように se をともなう動詞が

あり、その活用形に必ず se も添えます。**例** jmenuji se, jmenuješ se, jmenuje se.... **11-4** で述べたとおり、この se は再帰代名詞の短形ですから文頭から2番目の位置に置きます。

例文5 **Jak se jmenujete?**

Můj bratr se jmenuje Karel.　私の兄はカレルという名前です。

11-6　「好き」の表現

「～が好きです」というときは、動詞の mít を主語に合わせて活用させ、rád という語と組み合わせます。その後に好きなものや人を4格にして置きます。rád は主語の性と数に合わせて語尾をつけかえます。
　男性単数：rád、女性単数：ráda、中性単数：rádo
　男性活動体複数：rádi、男性不活動体複数・女性複数：rády、中性複数：ráda
　主語が vy のときは、mít は vy に合わせて máte とし、rád は現実の性と数に合わせます。

例文6 **Máte rád kávu?**

「～することが好きです」というときは、「～します」という文に主語の性と数に合わせた rád を加えます。
　Pijeme rádi kávu.　私たちはコーヒーを飲むことが好きです。

rád は動詞の前でもかまわないので、Rádi pijeme kávu. もありえます。
「好きではありません」とするときは、動詞を否定形にします。
　Nemám ráda kávu.　私はコーヒーは好きではありません。
　Nepijeme rádi kávu.　私たちはコーヒーを飲むことは好きではありません。

動詞は肯定形のまま rád の方に ne をつけることもできます。そのとき、nerad, nerada... と á は必ず短くなります。
　Mám nerada kávu.
　Neradi pijeme kávu.

第 11 課の練習問題　解答は 220 ページ

練習 1　次の語を 4 格（対格）に変えなさい。

1. hlavní inženýr
2. velký dům
3. slečna Nováková
4. Karel Nový
5. hlavní náměstí
6. to dobré víno
7. ta dobrá motorka
8. ten malý pes

練習 2　次の文を日本語に訳しなさい。（Track 41）

1. Co potřebuješ? – Potřebuji nový sešit.
2. Maminka ráda maluje.
3. Tatínek pracuje jako inženýr.
4. To je Markéta. – Myslím, že ji znám.
5. Ten chlapec nemá rád mléko.
6. Studujete českou nebo anglickou literaturu?
7. Vidíte to nádraží? – Ano, vidím ho dobře.
8. Markéta hraje na klavír.

練習 3　次の文をチェコ語に訳しなさい。

1. 私たちを待っていらっしゃるのですか。
2. フィリップには大きな辞書が必要だと私は思います。
3. 私はピアノを弾くことが好きではありません。
4. 君のお父さんはビールを飲むことが好きなの、それともワインなの。
5. ノヴァークさんは君を知らないと思うよ。
6. 私はその新入生を知りません。
7. 私の姉は技師として働いています。
8. 私たちのおばあさんはヤナという名前です。

第 12 課

この課で学習する文

Track 42 ▶

例文1 **Filip čte knihu.** フィリップは本を読んでいます。

例文2 **Dnes nemůžeme hrát fotbal, protože prší.**
今日私たちはサッカーができません。雨が降っているからです。

例文3 **To je kniha o Karlu Čapkovi.**
これはカレル・チャペックについての本です。

例文4 **Filip čte knihu o Praze.**
フィリップはプラハについての本を読んでいます。

例文5 **Maminka pracuje v knihovně.**
お母さんは図書館で働いています。

例文6 **Tatínek pracuje na poště.** お父さんは郵便局で働いています。

この課で覚える単語

◀ Track 42 ▶

banka 女 銀行
bydlet Ⅳ *3. pl.*: -ejí / -í 住む
časopis 男 雑誌
číst Ⅰ *1. sg.*: čtu 読む、読書をする
dnes 今日
dopis 男 手紙
dvůr 男 中庭
fotbal 男 サッカー
moci / moct Ⅰ *1. sg.*: mohu / můžu できる
na (+6) 〜(の上)で・に

o (+6) 〜について
plavat Ⅰ *1. sg.*: plavu 泳ぐ
pomalu ゆっくりと
Praha 女 プラハ
protože なぜなら
pršet Ⅳ 雨が降る
psát Ⅰ *1. sg.*: píšu 書く
Tokio 中 東京
univerzita 女 大学
v (+6) 〜(の中)で・に

> ⚠
> - bydlet には bydlit という文語的な不定形もあります。
> - pršet は、2番目の文字 r の前後が子音字に挟まれています。すると、r は母音扱いとなり、アクセントも r に置きます。文字 l もまた、別の子音に挟まれると母音扱いされ、アクセントが置かれます。例 vlk「狼」。
> - pršet は1語だけで「雨が降る」を意味し、3人称単数形で使われます。
> - 第11課の hrát は na＋4格で「演奏する」でした。スポーツをするときは、前置詞なしの4格と結びつきます。例 hrát fotbal「サッカーをする」。

12-1 動詞Ⅰ型の現在活用

číst「読む」

	単数	複数
1人称	čtu	čteme
2人称	čteš	čtete
3人称	čte	čtou

moci / moct「できる」

	単数	複数
1人称	mohu, můžu	můžeme
2人称	můžeš	můžete
3人称	může	mohou, můžou

不定形の形と現在語幹が大きく異なる動詞が多いのがⅠ型の特徴です。そのため、「この課で覚える単語」には、1人称単数形を *1. sg.* の後に載せてあります。他の人称や数が主語のときは、語尾 u を取り去って、eš, e, eme, ete, ou のうちのいずれかの語尾をつけます。

例文1 Filip čte knihu.

- moci / moct は不定形が2種類あります。moci よりも moct の方が新しい形です。1人称単数と3人称複数もそれぞれ mohu, můžu と mohou, můžou の2種類があります。mohu, mohou が改まった場面で用いられ、můžu, můžou の方が口語的です。ここでは、moct, můžu, můžou を中心に使います。

不定形が at, át で終わる動詞の中にも、Ⅴ型ではなくⅠ型の変化をするものがあります。

plavat「泳ぐ」

	単数	複数
1人称	plavu	plaveme
2人称	plaveš	plavete
3人称	plave	plavou

psát「書く」

	単数	複数
1人称	píšu	píšeme
2人称	píšeš	píšete
3人称	píše	píšou

Petr plave rád. ペトルは泳ぐことが好きです。
Co píšeš? – Píšu dopis. 「何を書いているの？」「手紙を書いているんだ」

12-2　umět と moct

両方とも「できる」と訳せますが、意味合いは違います。umět は「能力がある」とか「やり方を知っている」という意味に対して、moct の方は「実現可能だ」とか「可能性がある」という意味です。

Neumím hrát fotbal.　私はサッカーができません。

例文2　**Dnes nemůžeme hrát fotbal, protože prší.**

moct は1人称の形で尋ねると、許可を求めることができます。
Můžu mluvit anglicky?　英語で話していいですか。

この動詞を2人称の形で尋ねると、依頼を表わせます。
Můžete mluvit pomalu?　ゆっくり話してくれますか。

12-3　名詞の単数6格（前置格）

名詞の6格は必ず前置詞と共に用いられるので、o「〜について」をつけて紹介します。

単数の場合、活動体の男性名詞には、語尾 ovi か u をつけます。1語だけであれば ovi です。**例** Milan → o Milanovi. 2語のときは、前の語は u、後の語は ovi です。**例** pan profesor → o panu profesorovi. 3語以上だと、最初の語は u、最後の語は ovi ですが、間の語は u でも ovi でもかまいません。ただ、u の方が多く見られます。**例** pan inženýr Novák → o panu inženýru Novákovi.

不活動体の男性名詞には、語尾 u か ě(e) をつけます。1格形の最後が k, g, h, ch の語には規則的に u をつけます。**例** slovník → o slovníku. 語尾 ě(e) のつく名詞は u のつく名詞より少ないのですが、頻度の高い語がそろっています。さらに、u と ě(e) のどちらとも結びつく名詞もあります。
例 sešit → o sešitu, o sešitě.

女性名詞の6格形は語尾 a を ě(e) に替えます。**例** pošta → o poště.

例文3　**To je kniha o Karlu Čapkovi.**

Mluvíme o Markétě.　私たちはマルケータについて話しています。

oで終わる中性名詞は、oをuかě(e)に交替します。1格形の最後がko, go, ho, cho, roの語や外来語は規則的にuとなります。語尾ě(e)となる語の方がuよりも多く、その割合はおよそ3:1です。中には、どちらとも結びつく語もあります。**例** město → o městě, o městu.

語尾がíの中性名詞の6格は1格と同じ形です。**例** náměstí → o náměstí.

> - 文字s, z, lの後にはěを書けずeを書くという綴りの規則があります。そのため、autobusの単数6格形はo autobusuに加えてo autobuseです。また、koloはo koleとなります。
> - この課までに出てきた不活動体の男性名詞と中性名詞の単数6格形を語尾によって分類してみます。右肩に＊のついた語は、次の **12-4**（dvůrのみ **12-5**）を参照のこと。
>   uのみ　　　　　　: batoh, deštník, film, klavír, slovník; Tokio
>   e(ě)のみ　　　　　: dvůr*; kolo
>   uとe(ě)両方　　　: autobus, časopis, dopis, fotbal, jazyk*, sešit, stůl*; auto, kino, město, mléko*, pivo, víno

12-4　母音交替と子音交替

格変化をして語尾がつくと、語幹の母音が変わることがあります。たとえば、stůlに語尾がつくと、語幹のůはoと交替します。**例** stůl → o stole, o stolu. これは6格に限らず他の格のときでも語尾がつくとůとoの交替が起こります。

1格形がka, ga, ha, cha, raで終わる女性名詞は6格で語尾の前の子音も変わり、それぞれce, ze, ze, še, řeとなります。**例** maminka → o mamince, kniha → o knize, literatura → o literatuře. また、dceraは6格で子音交替するのに加えて、語尾はeではなくiがつく特殊な語です。**例** dcera → o dceři.

例文4 Filip čte knihu o Praze.

女性名詞の6格の子音交替は規則的に起こります。規則ではありませんが、男性名詞や中性名詞にも子音交替のある特殊な6格形をもつものがあります。たとえば、jazykはkで終わる不活動体の男性名詞なので、o jazykuという規則通りの形に加えて子音交替のあるo jazyceもあります。

そして、mléko も、o mléku, o mléce の 2 つの 6 格形があります。いずれも、語尾が e となるときは語幹の k が c に交替します。

12-5　場所を表わす前置詞 v と na

「〜で・に」という場所を表わす前置詞には v と na があります。どちらも 6 格と結びつきます。v には本来「〜の中で」という意味が、na には「〜の上で」という意味があるのですが、単に場所を表わすとき、この「中」とか「上」という意味が薄らいでしまいます。

例文5　**Maminka pracuje v knihovně.**

例文6　**Tatínek pracuje na poště.**

働いている場所を表わすという意味では、「図書館で」と「郵便局で」の間に違いはないのに、前置詞は違います。どの名詞が v と結びつき、どの名詞が na と結びつくのか決まっているので、その都度覚えなくてはなりません。どちらかというと v と結びつく名詞の方が多いので、数の少ない na と結びつく名詞に注目して覚えておくといいでしょう。これまでに学んだ名詞の中で、場所を表わすときに na と結びつくのは、上に挙げた pošta の他には nádraží と náměstí があります。そして、この課で覚える単語のうち univerzita と dvůr も na と結びつきます。dvůr は 6 格で母音交替と子音交替を起こして dvoře になります。

12-6　前置詞の母音添加

子音で終わる前置詞には、次に同じまたは類似の子音で始まる語が続くとき e がつきます。例 ve vodě, ve filmu.

2 つ以上連続する子音で始まる語が続くときにも e がつくことがあります。例 ve stole, ve městě. 文字 mě の組み合わせは間に n を入れて発音するので、子音が 2 つ連続すると見なします。

第 12 課の練習問題　　解答は 220 ページ

練習 1 　（　）の中の語を 6 格（前置格）に変えなさい。

1. v (kino)
2. na (náměstí)
3. na (klavír)
4. v (taška)
5. o (pan Petr Novák)
6. o (slečna Eliška)

練習 2 　次の文を日本語に訳しなさい。

1. Co dělá Markéta? – Píše dopis.
2. Milan poslouchá hudbu a čte knihu.
3. Kde bydlíte? – Bydlíme v Tokiu.
4. Kde je Filip? – Je na univerzitě.
5. Pan Novák na tebe čeká na nádraží.
6. Milan čte časopis o fotbale.
7. Co máš v tašce?
8. Markéta bydlí v Praze a já také bydlím v Praze.

練習 3 　次の文をチェコ語に訳しなさい。

1. 私は傘を探しています。雨が降っているからです。
2. ゆっくり運転してくれますか。
3. 娘は東京の大学で（東京で大学で）勉強しています。
4. 夫は今銀行です。私は彼を待っているのです。
5. 机の上には辞書があり、机の中にはノートがあります。
6. 私はサッカーをすることが好きではありません。
7. 「カレルはどこにいますか」「中庭です。そこでサッカーをしています」
8. 息子は読めますが、とてもゆっくりです。
9. ミラン、君は上手に泳げるの？
10. フィリップとマルケータはプラハに住んでいます。

応用と実践 2

解答は 221 ページ

練習 1　次の単語を覚えましょう。

často　しょっちゅう、よく	sám　自分で、一人で
hezký　きれいな、すばらしい	tak　そんなに、それほど
když　〜のとき	teta　女　おば、おばさん
moc　とても、すごく	už　もう
navštěvovat　III　訪問する、訪れる	venkov　男　田舎
něco　何か	vypadat　V　(〜のように) 見える
nic　何も〜ない	vždycky　いつも
občas　ときどき	zahrada　女　庭
plést　I　1. sg.: pletu　編む	zapomínat　V　忘れる
počasí　中　天気	žít　III　生きる、暮らす

⚠️
- něco と nic は co と同じ格変化をします。つまり、1格と4格は同じ形です。前置詞と結びつくときにčとなる4格形はありません。
- nic は動詞も否定形にして使います。例 Tam nic není.「そこには何もありません」。Nevidím nic.「私は何も見えません」。
- sám は男性単数形です。女性単数は sama, 中性単数は samo という形になります。
- zapomínat は4格と直接結びついて「〜を (置き) 忘れる」という意味で用います。そして、na + 4格で「思い出せない、記憶にない」を表わします。例 Dědeček často zapomíná deštník.「おじいさんはよく傘を忘れます」。Babička na nic nezapomíná.「おばあさんは何も (どんなことも) 忘れません」。

練習 2　( ) の中の語を適切な形に変えなさい。

1. Dobrý den, (profesor Čapek)!
2. Teta (něco) plete.
3. Čekáš na (já)?
4. Znáte (inženýr Novák)?
5. Petr čte v (autobus).
6. Potřebujeme (nové auto).
7. (Kdo) hledáš?
8. Čteme knihu o (Tokio).

練習 3 （ ）の中の語を現在活用させなさい。

1. Občas (navštěvovat – my) dědečka.
2. Syn a dcera klidně (spát).
3. Už (vypadat – ty) dobře.
4. Milan (umět) dobře plavat.
5. Dnes (pršet).
6. (Žít – my) ve městě.
7. Teta (mluvit) potichu.
8. Maminka (plést) ráda.

練習 4 次の答えに対する質問を補って、会話を完成させなさい。

– _____ ? – Jmenuji se Jan Nový.
– _____ ? – Bydlím v Praze.
– _____ ? – Ne, nejsem. Jsem student.
– _____ ? – Studuji českou literaturu.
– _____ ? – Rád vařím.

練習 5 次の文章を日本語に訳しなさい。

O tetě Janě

Teta Jana žije sama na venkově. Je už stará, ale vypadá dobře. Dobře vidí, dobře slyší a na nic nezapomíná. Když je hezké počasí, pracuje ráda na zahradě. Když prší, čte doma knihu nebo něco plete. Nemůžu ji navštěvovat tak často, ale vždycky na ni myslím.

Tetu Janu mám moc rád.

- myslet は接続詞 že の後に従属文をともなうと、「～だと思う」という意味です。
  例 Myslím, že Milan je teď doma.「ミランは今家にいると思います」。Myslím si, že... ともいえます。こちらの方が少し強調されています（**16-4** を参照）。
- si と前置詞 o + 6 格を組み合わせると「～について思う、意見をもっている」という意味です。例 Co si myslíš o Markétě?「マルケータについてどう思うの」。この si は必ず必要です。そして、se と同じく 2 番目の位置に置きます。どう思うかと尋ねるときの疑問詞は jak ではなく co です。
- 前置詞 na + 4 格をともなうと、「～のことを考える」になります。
  例 Občas myslím na tetu.「私はおばさんのことをときどき考えます」

第 13 課

この課で学習する文

Track 46

例文1 **Profesor přednáší o české literatuře.**
教授はチェコ文学について講義をしています。

例文2 **Bydlíme teď v tomto hotelu.**
私たちは今このホテルに泊まっています。

例文3 **Inženýr Novák o vás často mluví.**
ノヴァーク技師はあなたのことをよく話しています。

例文4 **O čem přednáší profesorka Nová?**
ノヴァー教授は何について講義しているのですか。

例文5 **O kom mluví Eliška a Petr?**
エリシュカとペトルは誰について話しているのですか。

例文6 **Chci cestovat po celém světě.** 私は世界中を旅行したい。

例文7 **Víte, kdo je ta dívka?** その女の子は誰かご存知ですか。

この課で覚える単語

Track 46

byt 男 住居、アパート
celý 全部の、全体の
cestovat Ⅲ 旅行する
dávat Ⅴ 与える、上映・上演する
hotel 男 ホテル
chtít 不規則 欲しい、～したい
jestli もし、～かどうか
jíst 不規則 食べる
moderní モダンな、近代の
nehoda 女 事故

po (+6) ～中を、～を介して、～の後
pravda 女 真実
přednášet Ⅳ 3. pl.: -ejí / -í 講義する
rádio 中 ラジオ
svět 男 世界
špatně 悪く
umění 中 芸術
vědět 不規則 知っている
zelenina 女 野菜
zpráva 女 知らせ、ニュース

⚠
- 前置詞 po は 6 格と結びつくとき、ある動作の行われる場所全体を表わすことができます。例 po městě「町中を(歩く)」。また、「～を介して」という意味もあるので、po Filipovi とすると「フィリップを介して」といえます。さらに、時間的に後のことも表わせます。たとえば po nehodě は「事故の後」です。
- pravda「真実」は 4 格にして動詞 mít と組み合わせると「正しい」という意味になります。例 Máš pravdu.「君は正しい」、「君のいうとおりだ」。
- rádio は外来語なので、di の部分は dy と書いてあるかのような発音です。

13-1 形容詞の単数6格（前置格）

名詞の単数6格につく形容詞の形は以下のとおりです。

	硬変化型		軟変化型	
	語尾	例	語尾	例
男	ém	o novém	ím	o hlavním
女	é	o nové	í	o hlavní
中	ém	o novém	ím	o hlavním

例文1 **Profesor přednáší o české literatuře.**

Profesor přednáší o moderním umění.
教授は近代芸術について講義をしています。

前置詞 o は 6 格と結びつくので、女性名詞 literatura につく硬変化型の česká「チェコの」は české のように語尾を é に、中性名詞 umění「芸術」につく軟変化型の moderní は語尾を ím にして moderním にします。

男性名詞の単数4格につく形容詞は、その名詞が活動体か不活動体かによって語尾が異なりましたが、他の格では同じ語尾です。

13-2 指示代名詞の単数6格

名詞の単数6格に合わせる ten「その」や tento / tenhle「この」の形は以下のとおりです。

男	o tom	o tomto / tomhle
女	o té	o této / téhle
中	o tom	o tomto / tomhle

例文2 **Bydlíme teď v tomto hotelu.**

V té knihovně pracuje maminka.
その図書館でお母さんが働いています。

> • bydlet は第12課で学んだように「住む」という意味に加えて、bydlet v hotelu「ホテルに泊まる」のように「滞在する」、「宿泊する」という意味でも用いられます。

- žít は「生きる」、「暮らす」という意味に加えて「住む」という意味もありますので、Žijeme v Tokiu.「私たちは東京に住んでいます（東京で暮らしています）」ということはできます。しかし、この動詞には「滞在する」、「宿泊する」という意味はありません。

13-3　人称代名詞の6格

		単数	複数
1人称		o mně	o nás
2人称		o tobě	o vás
3人称	男	o něm	（3性共通）o nich
3人称	女	o ní	
3人称	中	o něm	

6格は必ず前置詞と結びつきます。したがって、3人称の6格形は j で始まることはなく、すべて n から始まります。

例文3　**Inženýr Novák o vás často mluví.**

再帰代名詞の sebe の6格は sobě という形です。

Karel mluví o sobě.　カレルは自分のことを話しています。

13-4　coとkdoの6格

co の6格形は čem といいます。

例文4　**O čem přednáší profesorka Nová?**

něco や nic も同様に、ně や ni の後に čem を続ければ、6格になります。
例 o něčem「何かについて」、o ničem「何についても～ない」

kdo の6格形は kom です。

例文5　**O kom mluví Eliška a Petr?**

13-5 不規則動詞 chtít, vědět, jíst の現在活用

ここで学ぶ3つの動詞とすでに覚えた být は不規則な現在活用をします。

chtít「欲しい、～したい」

	単数	複数
1人称	chci	chceme
2人称	chceš	chcete
3人称	chce	chtějí

　3人称複数形には chtí もありますが、文語的なために現在では使われなくなってきています。
　この動詞は4格（対格）と組み合わせて「～が欲しい」という意味を表わせます。

　Co chceš? – Chci mléko.　「何が欲しいの」「ミルクが欲しい」

　また、動詞の不定形と組み合わせて「～したい」ともいえます。

例文6　**Chci cestovat po celém světě.**

vědět と jíst の現在活用は同じ語尾です。

vědět「知っている」

	単数	複数
1人称	vím	víme
2人称	víš	víte
3人称	ví	vědí

jíst「食べる」

	単数	複数
1人称	jím	jíme
2人称	jíš	jíte
3人称	jí	jedí

　現在活用で ím, íš, í, íme, íte, í / ějí (ejí) という語尾をもつⅣ型の動詞に似ていますが、3人称複数形で vědí, jedí となって d が出てくるところが違います。このような不規則な変化をする動詞は vědět, jíst の2つと、これらの動詞に接頭辞がつくいくつかの動詞に限られます。

　Náš syn nerad jí zeleninu.　うちの息子は野菜を食べることが好きではありません。

　動詞 vědět については、次の **13-6** を参照のこと。

13-6 「知っている」を表わす znát と vědět

「知っている」という意味の動詞は、この課で学ぶ vědět の他に、第9課で学んだ znát もありました。この znát は４格と結びつきます。

Znáte tu dívku? その女の子をご存知ですか。

vědět は従属文と結びつきます。

例文7 Víte, kdo je ta dívka?

Vím, že máte pravdu. あなたは正しいと私にはわかります。

このように、疑問詞や接続詞 že の後に文をつなげて従属文とします。

否定にして「～かどうか知らない、わからない」というときには、疑問詞はそのまま使えますが、接続詞は jestli を用います。

Nevíme, kdo je ta dívka. その女の子が誰か私たちは知りません。
Nevím, jestli máte pravdu. あなたが正しいかどうか、私にはわかりません。

以上のように従属文と結びつく vědět ですが、この動詞は co, něco, nic, to の４格とは組み合わせることができます。

Víš něco o té nehodě? その事故について何か知っているの。
O tom nevím nic. それについては何も知りません。
To nevím. それは知りません。

プラハ市街

第 13 課の練習問題　　解答は 222 ページ

練習 1　（　）の中の語を6格（前置格）に変えなさい。

1. o (hezké počasí)
2. v (tento dopis)
3. o (nové rádio)
4. na (ten velký stůl)
5. na (tahle univerzita)
6. o (pan inženýr Nový)
7. v (ta dobrá kniha)
8. o (anglické moderní umění)

練習 2　次の文を日本語に訳しなさい。

1. Pan Novák bydlí sám v tom velkém bytě.
2. Víš, čí je to motorka?
3. Filip studuje na téhle univerzitě.
4. Co dávají v tom kině? – Nový anglický film.
5. Můj kamarád pracuje v té velké bance.
6. Nevíte, jak mluví Filip anglicky? – Myslím, že mluví špatně.
7. Markéto, nechceš kávu? – Ne, děkuji.
8. Nevím, jestli prší.

練習 3　次の文をチェコ語に訳しなさい。

1. おじいさんはこの町に住んでいます。
2. お父さんは中央郵便局で働いています。
3. 私たちは普段家で食事をとります（食べます）。
4. エリシュカとペトルは私について話しているのですか。
5. 今日は何も料理したくありません。
6. その学生が何という名前か知っています。マルケータです。
7. その手紙について何か知っていますか。
8. ノヴァー教授が何について講義しているのかご存知ですか。

第 14 課

この課で学習する文

例文1 **To je kolo toho nového studenta.**
これはその新入生の自転車です。

例文2 **Milan se ptá profesorky Nové.**
ミランはノヴァー教授に質問しています。

例文3 **Profesor Nový je přísný, a proto se ho trochu bojíme.**
ノヴィー教授は厳しいです。だから私たちは彼を少し恐れています。

例文4 **Čeho se bojíš?** 君は何が怖いの。

例文5 **Koho se ptá Markéta?** マルケータは誰に質問していますか。

例文6 **Jdeme do univerzitní knihovny.**
私たちは大学図書館へ行きます。

例文7 **Jdeme na hlavní poštu.** 私たちは中央郵便局へ行きます。

この課で覚える単語

a proto だから
bát se Ⅳ (+2) *1. sg.*: bojím se 恐れる、怖い
bez (+2) 〜なしの、〜のない
Brno 中 ブルノ（町の名）
černý 黒い
do (+2) 〜（の中）へ・に
Japonsko 中 日本
jet Ⅰ *1. sg.*: jedu （乗り物で）行く
jít Ⅰ *1. sg.*: jdu （歩いて）行く
kam どこへ・に

městský 町の、市立の
mobil 男 携帯電話
odkud どこから
přísný 厳しい
ptát se Ⅴ (+2) 質問する、尋ねる
trochu 少し
u (+2) 〜のそばで、もとで
univerzitní 大学の
výlet 男 遠足
z (+2) 〜から

> - a proto は a なしで proto だけでも、同じ意味で用いられます。
> - Brno は、r の前後が子音字のため母音として扱うので、ここにアクセントがあります。
> - jet は乗り物に乗る移動に加えて、乗り物そのものの移動も表わせます。
>   例 Jede autobus.「バスが行く」。
> - městský は、ts の部分を [c] として発音します。
> - 前置詞 z は動詞 být と組み合わせると「出身地」を表わせます。**14-3** を参照のこと。

第 14 課

14-1 名詞の単数 2 格（生格）

2 格（生格）は主として「〜の」を表わすときに用いる形です。
活動体の男性名詞には語尾 a をつけます。

例 pan Novák → pana Nováka.

不活動体の男性名詞には原則として語尾 u がつきます。

例 dopis → dopisu.

しかし、数はそれほど多くありませんが、a のつく名詞もあります。

例 jazyk → jazyka. これはその都度覚えるしかありません。

女性名詞は語尾 a を y に替えます。

例 slečna Markéta → slečny Markéty.

o で終わる中性名詞は語尾 o を a に替えます。 例 město → města.

í で終わる中性名詞の単数 2 格の語尾は í のままです。

例 náměstí → náměstí.

「〜の」を表わす 2 格は日本語とは逆で、後ろに置きます。

To je deštník pana Nováka.　これはノヴァークさんの傘です。
To je babička slečny Markéty.　こちらはマルケータさんのおばあさんです。

- この課までにでてきた不活動体の男性名詞のうち単数 2 格で語尾が a となる語は jazyk の他に dvůr, svět, venkov があります。2 格はそれぞれ、dvora, světa, venkova です。単数 6 格（前置格）で ě (e) という語尾になる語は 2 格では a という語尾がつく確率が高くなります。
- 例文で示したとおり、deštník pana Nováka「ノヴァークさんの傘」で pan Novák が所有者であることを表わせるのに、pan を抜いた deštník Nováka「ノヴァークの傘」は標準語的ではないとされています。実際にはよく用いられていますが、所有者が 1 語の場合は所有形容詞にすることになっています。この所有形容詞については第 31 課で学びます。

14-2 形容詞と指示代名詞の単数2格

名詞の単数2格と合わせる形容詞は次のような形です。

	硬変化型		軟変化型	
	語尾	例	語尾	例
男	ého	nového	ího	hlavního
女	é	nové	í	hlavní
中	ého	nového	ího	hlavního

指示代名詞の単数2格

男	toho	tohoto / tohohle
女	té	této / téhle
中	toho	tohoto / tohohle

例文1 **To je kolo toho nového studenta.**

Hledám knihu slečny Novákové.
私はノヴァーコヴァーさんの本を探しています。

14-3 2格と結びつく動詞と前置詞

動詞の中には2格と結びつくと決まっているものがあります。たとえば、ptát se「質問する、尋ねる」という動詞です。

例文2 **Milan se ptá profesorky Nové.**

bát se「恐れる、怖い」も2格と結びつきます。この動詞は「この課で覚える単語」にあるように、bojím se, bojíš se, bojí se... とⅣ型の活用をします。

Bojím se toho velkého psa. 私はその大きな犬が怖い。

2格と結びつく前置詞には、bez「〜なしの」、do「〜（の中）へ」、u「〜のそばで、もとで」、z「〜から」などがあります。

Dnes je hezké počasí, a proto jdu do knihovny bez deštníku.
今日はいい天気です。ですから、私は図書館へ傘を持たずに行きます。

Filip čeká u kina. フィリップは映画館のそばで待っています。
Odkud jste? – Jsem z Prahy. 「ご出身はどちらですか」「プラハ出身です」

14-4　人称代名詞の2格

		単数	複数
1人称		mne; mě	nás
2人称		tebe; tě	vás
3人称	男	jeho (něho), jej (něj); ho	（3性共通）jich (nich)
	女	jí (ní)	
	中	jeho (něho), jej (něj); ho	

　セミコロン（;）の前が長形、後が短形です。長形と短形の区別は4格と同じで、前者が強調するときや前置詞と共に用いられます。そして後者は文頭から2番目の位置に置かれる強調しない形です。（　）の中は前置詞と用いる形です。
　1人称単数の mě だけは強調するときや前置詞と共に用いられ、長形の mne は文語的である点も4格と共通しています。
　再帰代名詞の2格は sebe です。短形はありません。
　人称代名詞の2格は所有の意味で使うことがありません。そのためには、můj, tvůj, jeho, její, náš, váš, jejich という所有代名詞を用いるからです。ではどういう時に現われるのかというと、2格と結びつく動詞や前置詞と共に出てきます。

例文3　**Profesor Nový je přísný, a proto se ho trochu bojíme.**

　bát se は2格と結びつくと **14-3** で学んだばかりです。ノヴィー教授のことを話していますから、男性の3人称単数の2格 ho が出てきます。
　語順に注目してください。接続詞 a proto「だから」を1つのまとまりとしてとらえ、これを1番目の語と数えます。2番目に来たがる語が2つあります。bojíme se の se と短形の ho です。この場合、se の方が優先され ho は3番目にはじかれます。ho が先、se が後という語順はありえません。

　To je můj mobil. Bez něj nemůžu žít.
　これは私の携帯です。それなしでは生きられません。（男性2格）

Bez něho もありますが、前置詞と結びつくときは、例文にある Bez něj が増えてきています。

14-5　coとkdoの2格

co の2格は čeho, kdo の2格は koho です。

例文4　**Čeho se bojíš?**

例文5　**Koho se ptá Markéta?**

14-6　方向を表わす前置詞doとna

「〜へ・に」と方向を表わす前置詞には、2格と結びつく do と4格と結びつく na があります。

例文6　**Jdeme do univerzitní knihovny.**

例文7　**Jdeme na hlavní poštu.**

このように、jít「(歩いて) 行く」や jet「(乗り物で) 行く」のような移動を表わす動詞と用いられます。現在活用は両方ともⅠ型で、d が語幹に現れる点が特徴です。jít：jdu, jdeš, jde, jdeme, jdete, jdou
　　　　　jet：jedu, jedeš, jede, jedeme, jedete, jedou

12-5 では、場所を表わす前置詞 v と na を学びました。場所を表わすときに v + 6 格となる名詞は、方向を表わすときは do + 2 格となります。そして、場所を表わすときに na + 6 格となる名詞は、方向を表わすときは na + 4 格です。どの名詞が v / do と結びつき、どの名詞が na / na と結びつくのかはその都度覚えなくてはなりません。しかし、催し物は規則的に na と結びつきます。

Jedeme na výlet do Prahy.　私たちは遠足でプラハに行きます。

逆の意味の「〜から」は、方向を示す do や na に関係なく z + 2 格で表わせます。**例** z univerzitní knihovny「大学図書館から」、z hlavní pošty「中央郵便局から」。

第 14 課の練習問題　解答は 222 ページ

練習 1　（　）の中の語を 2 格（生格）に変えなさい。

1. káva bez (mléko)
2. babička z (venkov)
3. výlet do (Brno)
4. chlapec u (ten klavír)
5. mobil (slečna Nováková)
6. kniha (Karel Čapek)
7. dívka u (velký stůl)
8. autobus z (hlavní nádraží)

練習 2　次の文を日本語に訳しなさい。

1. Filipe, kam jdeš? – Jdu do banky.
2. Tenhle autobus jede z hlavního nádraží.
3. Nerada piji kávu bez mléka.
4. Petr stojí u městské knihovny a čeká na Elišku.
5. Odkud jsou Eliška a Petr? – Jsou z Brna.
6. Eliška se ptá inženýra Nováka.
7. Tokio je hlavní město Japonska.
8. Syn se bojí tohohle psa, protože je moc velký.

練習 3　次の文をチェコ語に訳しなさい。

1. 「こんにちは、ノヴァークさん、どちらへ」「市立図書館へ」
2. マルケータとフィリップはブルノへ遠足に行きたがっています。
3. 「ご出身はどちらですか」「東京出身です」
4. カレルとフィリップはプラハの出身です。
5. 私たちのお父さんはノヴァークさんのもとで働いています。
6. これはその学生の新車です。
7. おばあさんはバッグをさがしています。それがないと郵便局へ行けないからです。
8. ノヴァー教授はとても厳しいです。だから私たちは彼女を恐れています。

第 15 課

この課で学習する文

例文1 **Profesor mluví s novým studentem.**
教授は新入生と話しています。

例文2 **Filip vždycky píše tím perem.**
フィリップはいつもそのペンで書きます。

例文3 **Letadlo letí nad městem.** 飛行機が町の上を飛んでいきます。

例文4 **Pan Novák bydlí nad námi.**
ノヴァークさんは私たちの上の階に住んでいます。

例文5 **Čím tam jedeš?** そこへは何を使って行くの。

例文6 **S kým mluvím, prosím?** どちら様ですか（電話で）。

例文7 **Mluvil jsem s profesorkou Novou.**
私はノヴァー教授と話をしました。

この課で覚える単語

Český Krumlov 男 チェスキー・クルムロフ（町の名）
dříve　以前
dům 男 家、アパート
chodit Ⅳ （歩いて）通う
jezdit Ⅳ （乗り物で）通う
letadlo 中 飛行機
letět Ⅳ 3. pl.: -í　飛ぶ
ležet Ⅳ 3. pl.: -í　横たわっている、ある
metro 中 地下鉄
nad (+7)　～の上方で・に

pero 中 ペン
pod (+7)　～の下で・に
propiska 女 ボールペン
prosím　どうぞ
před (+7)　～の前で・に
s (+7)　～と共に・一緒に
tady　ここで・に
včera　きのう
vlak 男 列車
za (+7)　～の後ろで・に

- Český Krumlov は形容詞＋名詞の地名です。男性名詞 Krumlov に合わせて Český も変化します。この Krumlov は単数 2 格（生格）で語尾 a をつけます。例 do Českého Krumlova「チェスキー・クルムロフへ」。
- dům は「家」の他、byt がいくつか集まった建物全体としての「アパート」も意味します。stůl, dvůr と同じく、語尾がつくと語幹の母音は o に交替します。例 v tomhle domě「この家で」、「このアパートで」。
- prosím は「お願いします」や「どういたしまして」も表わせますし、相手のいったことがよく聞き取れないときの「何ですって？」も表わせます。

15-1 名詞の単数 7 格（造格）

7 格（造格）は主として「～で」、「～によって」という道具や手段を表わす形です。
男性名詞には活動体・不活動体の区別なく、語尾 em がつきます。
🔷 student → studentem, autobus → autobusem.
女性名詞は語尾 a を ou に替えます。🔷 tužka → tužkou.
o で終わる中性名詞は、語尾 o を em に替えます。🔷 pero → perem.
í で終わる中性名詞は、語尾 í を ím に替えます。🔷 nádraží → nádražím.

Cestujeme autobusem. 私たちはバスで旅行しています。
Filip píše dopis perem. フィリップは手紙をペンで書いています。

> ・乗り物に乗って移動するとき、多くの場合 7 格で表わします。しかし、自転車とバイクは na + 6 格です。🔷 Karel jezdí na univerzitu na kole.「カレルは大学へ自転車で通っています」。Karel jezdí na univerzitu na motorce.「カレルは大学へバイクで通っています」。

15-2 形容詞と指示代名詞の単数 7 格

形容詞の単数 7 格

	硬変化型		軟変化型	
	語尾	例	語尾	例
男	ým	novým	ím	hlavním
女	ou	novou	í	hlavní
中	ým	novým	ím	hlavním

指示代名詞の単数 7 格

男	tím	tímto / tímhle
女	tou	touto / touhle
中	tím	tímto / tímhle

例文1 Profesor mluví s novým studentem.
例文2 Filip vždycky píše tím perem.

15-3　7格と結びつく前置詞

例文1 Profesor mluví s novým studentem. にあるように、前置詞 s「〜と共に、一緒に」は7格と結びつきます。他にも、nad「〜の上で・に」、pod「〜の下で・に」、před「〜の前で・に」、za「〜の後ろで・に」などがこの格と結びつきます。

例文3 **Letadlo letí nad městem.**

Kočka leží pod tímhle stolem.　猫はこのテーブルの下にいます。
Před domem stojí auto.　家の前に車があります。
Za domem stojí kolo.　家の裏に自転車があります。

> - letět は「飛ぶ」という意味の他に、飛行機に乗って移動するときにも使えます。
>   例 Letím do Prahy letadlem.「私はプラハへ飛行機で行きます」。
> - 「いる」とか「ある」は být を用いて表わすこともできますが、ležet や stát でも表わせます。ležet は本来「横たわっている」という意味なので、横になっている状態のときに使います。それに対して stát には「立っている」という意味があるので、縦になっているときに使います。ですから、Na stole leží kniha. といえば、机の上に表紙がはっきり見える状態で本が「ある」ということを表わしています。

15-4　人称代名詞の7格

		単数	複数
1人称		mnou	námi
2人称		tebou	vámi
3人称	男	jím (ním)	（3性共通） jimi (nimi)
	女	jí (ní)	
	中	jím (ním)	

（　）の中は前置詞と結びつくときに使います。

例文4 **Pan Novák bydlí nad námi.**

再帰代名詞の7格は sebou です。セルフサービスの喫茶店などで店員が「ここでお召し上がりになりますか、お持ち帰りですか」と尋ねますが、チェコ語ではこの sebou と副詞 tady「ここに、ここで」を使って次のような表現に

15-5　coとkdoの7格

coの7格はčím, kdoの7格はkýmです。

例文5　**Čím tam jedeš?**

例文6　**S kým mluvím, prosím?**

「何」の7格čímは職業を尋ねるときにも使えます。

Čím jste? – Jsem inženýr.　「ご職業は何ですか」「技師です」

15-6　動詞の過去形

過去形は、動詞の l 分詞と být の現在活用を組み合わせて表わします。l 分詞は不定形の最後の t を取り去って、l をつけるとできます。例 mluvit → mluvil. これは主語が男性単数のときの形です。他の性と数のときは次のようになります。

	単数		複数	
	末尾	例	末尾	例
男	l	mluvil	（活）li （不活）ly	mluvili mluvily
女	la	mluvila	ly	mluvily
中	lo	mluvilo	la	mluvila

このように、l 分詞は主語の性と数に合わせて形を変えます。そして、これと組み合わせる být の現在活用は主語の人称と数に合わせます。

例文7　**Mluvil jsem s profesorkou Novou.**

Mluvil という形から、主語は男の人が 1 人だとわかります。そして、jsem は 1 人称単数形ですから、「私」です。女の人なら次のようになります。

Mluvila jsem s profesorkou Novou.

この být の現在活用形は優先的に 2 番目の位置におきます。

Bála jsem se toho psa.　私はその犬が怖かった。

前の課で覚えた bát se を用いた過去形の文です。se も 2 番目に来たがり、人称代名詞の 2 格形よりは優先権がありました。🅰 Bojím se ho.「私は彼が怖い」。ところが、過去形にでてくる být の現在活用形は何にも増して優先権があるので、se は 3 番目にずれます。

現在活用の 2 人称の複数形は、本当に複数の人を相手にするときにも、そして、相手が 1 人でも丁寧にいうときにも用いられました。過去形は、být の 2 人称複数形 jste と現実の性と数に合わせた l 分詞形を組み合わせます。ですから、Mluvíte s Milanem?「ミランと話しているのですか」を過去形にすると、相手によって次の 4 通りの可能性があります。

Mluvili jste s Milanem?　（男性が少なくとも 1 人は含まれる複数のとき）
Mluvily jste s Milanem?　（女性ばかりの複数のとき）
Mluvil jste s Milanem?　（相手は男性の単数、丁寧にいうとき）
Mluvila jste s Milanem?　（相手は女性の単数、丁寧にいうとき）

上の例のように、li となるときは、主語に少なくとも男性が 1 人は含まれます。男の人ばかりでもかまいません。

3 人称が主語のときは、být の現在活用形は必要なく、l 分詞だけで表わします。ですから、「～はノヴァーク技師と話していました」という文の主語を 3 人称のさまざまな性と数にすると、次のような文になります。

Filip mluvil s inženýrem Novákem.　　　　　（男性単数）
Markéta mluvila s inženýrem Novákem.　　　（女性単数）
Filip a Milan mluvili s inženýrem Novákem.　　（男性活動体複数）
Markéta a Eliška mluvily s inženýrem Novákem.　（女性複数）

過去形の否定は、l 分詞の方に ne をつけます。
Nemluvil jsem s Milanem.　私はミランと話していませんでした。
O tom jsme nic nevěděli.　私たちはそれについて何も知りませんでした。

練習 1 （ ）の中の語を7格（造格）に変えなさい。

1. káva s (mléko)
2. jet (vlak)
3. se (slečna Markéta)
4. nad (to kino)
5. psát (černá tužka)
6. před (velký dům)
7. jezdit (metro)
8. za (ta moderní banka)

練習 2 次の文を過去形に変えなさい。

1. Co dělá Eliška?
2. Cestujeme autobusem.
3. Pan Novák bydlí nad námi.
4. Rád plavu.

練習 3 次の文を日本語に訳しなさい。

1. Včera Markéta a Filip jeli vlakem do Českého Krumlova.
2. S kým a kam jsi jela na výlet?
3. Paní Nováková píše dopis propiskou.
4. Dříve jsem často chodil do knihovny.
5. Jezdíš na univerzitu metrem nebo autobusem?

練習 4 次の文をチェコ語に訳しなさい。

1. 以前私たちはこのアパートに住んでいました。
2. 「きのうは何をしましたか」「庭仕事をしていました」
3. 私の友人はこの銀行で働いていました。
4. ノヴィー教授はチェコ文学について講義をしていました。
5. 以前私はよくブルノを訪れました。
6. 中央駅の裏にはホテルがあります。
7. おばあさんは元気そうに見えました。
8. 市立図書館の前でフィリップが待っていました。

第 16 課

この課で学習する文

例文1 **Píšu panu inženýru Novému dopis.**
私はノヴィー技師に手紙を書いています。

例文2 **Maminka často pomáhá synovi s domácím úkolem.**
お母さんは息子の宿題をよく手伝います。

例文3 **Rozumíte mi?** 私のいうことがわかりますか。

例文4 **Čemu nerozumíte?** 何がわからないのですか。

例文5 **Komu jste koupili tohle kolo?**
この自転車を誰に買ったのですか。

例文6 **Bydlím u tety.** 私はおばさんのところに住んでいます。

例文7 **Jdu k profesoru Novákovi .**
私はノヴァーク教授のところに行きます。

この課で覚える単語

asi　約、たぶん
číšník　男 ウェイター
den　男 日、日中
domácí　国内の、家庭の
jen　のみ、だけ
k (+3)　～の方へ
koupit　Ⅳ 買う
naproti (+3)　～の向かい側に、反対側に
návštěva　女 訪問、訪れること
nést　Ⅰ 1. sg.: nesu　（歩いて）運ぶ

okno　中 窓
pán　男 男の人
pomáhat　Ⅴ (+3)　助ける、手伝う
procházka　女 散歩
rozumět　Ⅳ 3 pl.: -ějí / -í (+3)
　　わかる、理解する
škola　女 学校
telefonovat　Ⅲ 電話する
tenis　男 テニス
úkol　男 課題
vidlička　女 フォーク

- den は不規則な変化をする男性名詞です。変化は第23課で学びます。
- domácí úkol で「宿題」という意味です。
- pán は5格（呼格）で語幹の母音 á が短くなる pane という特殊な形をもっています。これは敬称の pan「～さん」の5格と同じ形です。しかし、その他の格では短くならないので、pán と pan は区別できます。

第 16 課

16-1　名詞の単数3格（与格）

この格は主に間接目的「〜に」を表わします。

活動体の男性名詞には語尾 u か ovi をつけます。これは第 12 課で学んだ 6 格（前置格）と同じ語尾です。使い分けも同じです（**12-3** 参照）。

例 Novák → Novákovi, pan Novák → panu Novákovi, pan inženýr Novák → panu inženýru Novákovi.

不活動体の男性名詞には語尾 u がつきます。

例 sešit → sešitu, vlak → vlaku.

女性名詞は語尾 a を ě (e) と交替します。**例** pošta → poště. また、s, z, l の後には ě ではなく e を書くという綴りの規則がありますから škola「学校」の3格は škole です。

o で終わる中性名詞は語尾 o を u と交替します。**例** kino → kinu.

í で終わる中性名詞の語尾は í のままです。**例** náměstí → náměstí.

> 女性名詞の単数3格も6格と同じ語尾なので、ka, ga, ha, cha, ra で終わる名詞の3格が子音交替を起こして、ce, ze, ze, še, ře となる点も同様です（**12-4** 参照）。
> **例** studentka → studentce, Praha → Praze, literatura → literatuře.
> また、dcera の6格は dceři という特殊な形になりました。3格も同じく dceři です。
> **例** Koupili jsme dceři kolo.「私たちは娘に自転車を買いました」。

16-2　形容詞と指示代名詞の単数3格

形容詞の単数3格

	硬変化型		軟変化型	
	語尾	例	語尾	例
男	ému	novému	ímu	hlavnímu
女	é	nové	í	hlavní
中	ému	novému	ímu	hlavnímu

例文1　Píšu panu inženýru Novému dopis.

指示代名詞の単数3格

男	tomu	tomuto / tomuhle
女	té	této / téhle
中	tomu	tomuto / tomuhle

Číšník nese tomu pánovi kávu.
ウェイターはその男の人にコーヒーを運びます。

16-3　3格と結びつく動詞と前置詞

この格と結びつく動詞には、pomáhat「助ける、手伝う」、rozumět「わかる、理解する」、telefonovat「電話する」などがあります。

例文2 **Maminka často pomáhá synovi s domácím úkolem.**

Nerozuměl jsem tomu filmu.　私はその映画がわかりませんでした。

Filip teď telefonuje Markétě.　フィリップは今マルケータに電話しています。

> rozumět は3格と組み合わせて「内容を理解する」、「～のいうことがわかる」という意味を表わします。しかし、「～語がわかる」というときは、「～語で」という意味の副詞を組み合わせます。**例** Rozumíte anglicky?「英語がおわかりになりますか」。このときは、angličtina あるいは anglický jazyk の3格は使いません。

3格と結びつく前置詞には k「～の方へ」や naproti「～の向かい側に、反対側に」などがあります。

Eliška jde k oknu.　エリシュカは窓の方へ歩いていきます。

Naproti té škole je náš dům.
その学校の向かい側に私たちのアパートがあります。

16-4 人称代名詞と co, kdo の3格

人称代名詞の3格

		単数	複数
1人称		mně; mi	nám
2人称		tobě; ti	vám
3人称	男	jemu (němu); mu	（3性共通） jim (nim)
	女	jí (ní)	
	中	jemu (němu); mu	

セミコロン（;）の前が長形、後が短形です。長形は文頭で強調するときに現われます。（　）の中は前置詞と結びつくときに使います。短形は強調のない2番目の位置に置かれます。

例文3　Rozumíte mi?

再帰代名詞の3格は長形 sobě、短形 si の2通りです。

Koupil jsem si novou knihovnu.　私は新しい本棚を買いました。

si によって、本棚を買ったのは主語（私）のためだとわかります。この si は意味をそれほど大きく変えずに、少し強調するときにも現われます。

Myslím si, že tahle káva je dobrá.　このコーヒーはおいしいと思います。

co の3格は čemu、kdo の3格は komu です。

例文4　Čemu nerozumíte?
例文5　Komu jste koupili tohle kolo?

16-5 場所を表わす前置詞 u と方向を表わす前置詞 k

12-5 では場所を表わす v ＋6格と na ＋6格を、**14-6** では方向を表わす do ＋2格と na ＋4格を学びました。

Kde pracujete? – Pracuji v bance. / Pracuji na poště.
Kam jdete? – Jdu do banky. / Jdu na poštu.

人を表わす語のときは、場所は u + 2 格、方向は k + 3 格を用います。

例文6 Bydlím u tety.

例文7 Jdu k profesoru Novákovi .

16-6　*l* 分詞の母音交替と子音交替

不定形語幹の長い母音が *l* 分詞で短くなる場合があります。
例 být → byl, nést → nesl, pít → pil, ptát se → ptal se, psát → psal, spát → spal, znát → znal, žít → žil.

母音が短くなるのは不定形の中に長い母音が 1 つだけあるときに多く起こります。しかし、語幹の長母音を保ったまま *l* 分詞ができる動詞もあります。 例 bát se → bál se, hrát → hrál, stát → stál.

不定形語幹の í は *l* 分詞で ě と交替することがあります。
例 chtít → chtěl, mít → měl.

さらに、不定形語幹にはなかった子音が *l* 分詞で現われる動詞もあります。 例 číst → četl, jíst → jedl, moct → mohl, plést → pletl.

また、jít は、不定形とは似ても似つかない šel という *l* 分詞形です。しかも、他の動詞は主語の性と数に合わせて a, o, i, y をつけるだけなのに対して、šel にこれらの語尾をつけると後ろから 2 番目の e が消えてしまいます。 例 šla, šlo, šli, šly.

Včera bylo hezké počasí, a proto jsme hráli celý den tenis.
昨日はいい天気だったので私たちは 1 日中テニスをしていました。

Nemohli jsme hrát fotbal, protože pršelo.
私たちはサッカーができませんでした。雨が降っていたからです。

Eliška jedla jen vidličkou.　エリシュカはフォークだけで食べていました。

Markéta a Filip šli na procházku.
マルケータとフィリップは散歩に出かけました。

> - pršet はこの 1 語だけで「雨が降る」で、現在形は prší となりました。これを過去形にするときには中性の 3 人称単数形 pršelo とします。
> - jet は、現在活用は jedu, jedeš... と d が現われますが、*l* 分詞は規則通りの jel です。jíst – jedl とまぎらわしいので気をつけてください。 例 Jeli jsme na návštěvu k babičce.「私たちはおばあさんを訪ねに行きました」。

第 16 課の練習問題　　解答は 224 ページ

練習 1 　（　）の中の語を 3 格（与格）に変えなさい。

1. rozumět (vy)
2. k (pan Čapek)
3. naproti (to okno)
4. rozumět (moderní umění)
5. telefonovat (profesorka Nováková)
6. naproti (hlavní pošta)
7. k (slečna Eliška)
8. naproti (tahle knihovna)

練習 2 　次の文を過去形に変えなさい。

1. Kde je Filip?
2. Jdeme do školy.
3. Teta něco plete.
4. Ráda čtu.
5. Syn špatně spí.
6. Často se na něco ptáme profesora Nováka.
7. Markéta a Filip pijí kávu.
8. Chceme cestovat po celém světě.

練習 3 　次の文を日本語に訳しなさい。

1. Filip má rád Markétu, ale asi jí nerozumí.
2. Včera jsme neměli domácí úkol.
3. Naproti tomu hotelu byla banka.
4. Mám rád tetu Janu a často k ní jezdím na návštěvu.

練習 4 　次の文を日本語に訳しなさい。

1. きのうは1日中雨が降っていましたので、私は家でラジオを聞いていました。
2. 「誰に手紙を書いているのですか」「友人のフィリップにです」
3. 私たちは近代美術はよくわかりません。
4. 以前ここに市立図書館がありました。
5. 息子は野菜を食べることが好きではありませんでした。
6. 私は新しい携帯を買いたかったのです。

応用と実践 3

解答は 225 ページ

練習 1 次の単語を覚えましょう。

až 〜まで	pozdě 遅く、遅れて
domů 家へ・に	přednáška 囡 講義、講演
dopoledne 午前に	přijít 完 I *1. sg.*: -jdu
dost かなり、充分に	（歩いて）来る、到着する
japonský 日本の、日本語の	ráno 中 朝
japonština 囡 日本語	těšit se 不完 IV (na+4)
napsat 完 I *1. sg.*: -píšu	楽しみにする
書きあげる	těžký 重い、難しい
oběd 男 昼食	včas 時間通りに
odpoledne 午後に	večer 男 夕方、夜
plánovat 不完 III 計画を立てる	vrátit se 完 IV 帰る、戻る
	zkouška 囡 試験

- až は前置詞 do ＋ 2 格を伴って「〜まで」という意味で用いられます。
  例 až do rána「朝まで」。
- 上に挙げられた不活動体の男性名詞のうち、oběd と večer には単数 2 格で語尾 a がつきます。例 u oběda「昼食の席で」、do večera「夕方まで」。
- 動詞 napsat, přijít, vrátit se には 完 という印がついています。これは完了体動詞という意味で、過去形にするとすでに完了した動作、つまり「〜し終えた」、「〜してしまった」という意味を表わします。これに対して、不完了体動詞は進行中あるいは繰り返しの動作を表わすので、その過去形は「〜していた」や「〜したことがある」という意味になります。これまでに学んだ動詞のほとんどすべてが不完了体でした。第 16 課の koupit だけが完了体動詞です。これからは、「この課で覚える単語」の不完了体動詞には 不完、完了体動詞には 完 という印をつけて示します。
- 「〜の試験」というときには、z ＋ 2 格（生格）で表わします。
  例 zkouška z japonského jazyka「日本語の試験」。

練習 2 （　）の中の語を適切な形に変えなさい。

1. Měli jsme zkoušku z (čeština).
2. Karel tam jel (metro).
3. Na (sešit) leží propiska.
4. Těším se na (výlet) do (Tokio).
5. Dívka stojí u (velký stůl).
6. Pod (okno) stojí dědeček.
7. Filip a Petr stáli naproti (sebe).
8. Psal jsem dopis do (večer).

練習 3 （　）の中の語を使って質問に答えなさい。

1. Co jste dělal / dělala včera dopoledne? – (pracovat na zahradě)
2. Co dělal váš syn včera odpoledne? – (malovat něco)
3. Co jste dělali včera večer? – (pít víno a poslouchat hudbu)

練習 4 次の文章を日本語に訳しなさい。

> Den japonského studenta Masašiho
> Často chodím do školy pozdě, ale dnes jsem přišel včas. Měli jsme zkoušku z angličtiny. Byla to těžká zkouška, ale myslím si, že jsem ji napsal dobře. Po zkoušce jsem šel s Karlem na oběd. Karel je student z Prahy a studuje tady na univerzitě japonskou literaturu. Já mu pomáhám s japonštinou. U oběda jsme plánovali výlet do Kamakury. Odpoledne jsem měl přednášku, ale když profesor přednášel, spal jsem. Večer jsem pracoval jako číšník a vrátil jsem se domů dost pozdě. Chtěl jsem jít spát, ale nemohl jsem, protože jsem měl ještě domácí úkol. Psal jsem ho až do rána.

- 外国の地名や人名も語形変化をすることは珍しくありません。たとえば Kamakura は a で終わる女性名詞として語尾をつけかえます。そして Masaši は単数2格と4格で Masašiho, 3格で Masašimu という形になります。
- jít は pozdě と組み合わせて「遅刻しそうだ」という意味になります。繰り返し遅刻すると、chodit pozdě です。そして、「遅刻してしまった」であれば、完了体の přijít と pozdě を組み合わせます。例 Přišel jsem pozdě na přednášku.「私は講義に遅刻した」。
- jít spát で「就寝する」という意味です。例 Šla jsem spát pozdě.「私は遅い時間に寝ました」。

第 17 課

この課で学習する文

例文1 **Koupím ti tu knihu.** 君にその本を買ってあげよう。

例文2 **Zítra budu celý den doma.** 明日私は1日中家にいます。

例文3 **Co budete dělat zítra?** 明日は何をしますか。

例文4 **Na dovolené si dobře odpočinu.**
休暇はよく休むことにする。

例文5 **Příští týden si vezmu dovolenou.**
来週私は休暇を取ります。

この課で覚える単語

dosáhnout 完 II (+2) 達する
dovolená 女 休暇
Honza 男 ホンザ（Jan の愛称形）
klavírista 男 ピアニスト
kolega 男 同僚
odpočinout si 完 II 休む
pronajmout 完 II 賃貸しする
předseda 男 議長
příští 次の
šéf 男 上司

turista 男 観光客、旅行客
týden 男 週
vítězství 中 勝利
vracet se 不完 IV 帰る、戻る
vzít 完 II 取る
začít 完 II 始める、始まる
zapomenout 完 II 忘れる
zítra 明日
zvolit 完 IV 選出する
život 男 人生、生活、生命

- dovolená は形容詞型の女性名詞です。女性名詞につく形容詞と同じ変化をしますが、名詞として扱います。
- týden は不規則な変化をします。変化については第23課で学びます。
- začít は他動詞としても自動詞としても使います。例 Milan začal nový život.「ミランは新しい人生をスタートした」（他動詞）。Začala přednáška.「講義が始まった」（自動詞）。不完了体の動詞の不定形と組み合わせて「～し始める」という意味も表わせます。例 Filip začal mluvit.「フィリップは話し始めた」。この動詞の変化形については **17-4** と **17-5** を参照のこと。
- život は不活動体の男性名詞ですが、単数2格の語尾は a です。例 bez života「生命のない」。

第 17 課

17-1　動詞の体と時制

　動詞の体についてはすでに第9課（ 9-1 ）および 応用と実践3 で少し触れましたが、ここで時制も含めてまとめておきます。

　チェコ語の動詞は原則として完了体か不完了体のうちのいずれかに属しています。完了体は動作を写真撮影のように一瞬として捉えるときに用います。ですから、動作の開始や終了の瞬間を表わすことができます。例 Dnes se Jana vrátila pozdě.「今日ヤナは遅い時間に帰ってきた」。それに対して不完了体は動作を映像録画のように捉えるときに用います。そのため、進行中あるいは繰り返される動作を表わすことができます。例 Jana se často vracela pozdě.「ヤナはしょっちゅう遅い時間に帰ってきた」。

　不完了体は動作が完結していないことを表わすとは必ずしも限りません。動作が完結したかどうかに話し手の興味が向いていないときにも現われます。

　　Včera jsem psala dopis.　きのう私は手紙を書きました。

　不完了体 psát が使われています。この文は、手紙を書くという動作をおこなったけれど、書きあがったのかそうでないのかは問題としていません。

　ここで挙げた例文からもわかるように、完了体にも不完了体にも過去形があります。そして、完了体も不完了体も現在活用をさせることができます。不完了体の現在活用は「～する」、「～している」という意味を表わします。一方、完了体の現在活用は、未来にその動作が完結することを表わします。

例文1　Koupím ti tu knihu.

　完了体の koupit が使われています。この文を口にした段階では、まだ本を買っていません。これから「買う」という動作をやり遂げようとしています。そのため、完了体の現在活用は形から「完了体現在」と呼ばれたり、意味から「完了体未来」と呼ばれたりしています。

　不完了体にはさらに未来形があります。次の 17-2 で詳しく学びますが、この形は未来にその動作をするつもりではあるけれども、終わらせるかどうかについては話し手の関心がないときに用います。

17-2 不完了体未来

この形は、まず být とそれ以外で分けなくてはなりません。být の未来形は主語の人称と数に従って次のように変化します。

	単数	複数
1人称	budu	budeme
2人称	budeš	budete
3人称	bude	budou

例文2 **Zítra budu celý den doma.**

být 以外の動詞は、上に挙げた být の未来形に不定形を組み合わせます。

例文3 **Co budete dělat zítra?**

否定は být の未来形に ne をつけます。

Zítra bude pršet, a proto nebudeme hrát tenis.
明日は雨が降るでしょうから、私たちはテニスをしません。

- být の未来形だけは、さらに不定形をつける必要がありません。
- **17-1** で述べたように、完了体の現在活用は未来にその動作をやり遂げることを表わします。そのため、この budu, budeš... と不定形を組み合わせるという形は完了体にはありません。

17-3 a で終わる男性名詞の格変化

男の人を表わす名詞の中には a で終わるものがあります。姓の Smetana や Jan の愛称形 Honza もその例です。このような名詞は、単数では3格（与格）と6格（前置格）を除いて、a で終わる女性名詞と同じ語尾になります。

To je kolo Honzy Smetany.　これはホンザ・スメタナの自転車です。（2格）
Čekám na Honzu.　私はホンザを待っています。（4格）
Ahoj, Honzo!　やあ、ホンザ！（5格）
Za Honzou stojí Petr.　ホンザの後ろにペトルが立っています。（7格）

3格と6格は語尾 a を取り去って、ovi をつけます。
Koupili jsme Honzovi kolo.　私たちはホンザに自転車を買いました。（3格）

Mluvili o Honzovi. 彼らはホンザについて話していました。（6格）

aで終わる男性名詞には、姓や愛称以外にklavírista「ピアニスト」、kolega「同僚」、předseda「議長」、turista「観光客、旅行客」などがあります。
aで終わっていても、男の人を表わす名詞ですから、形容詞や指示代名詞は活動体の男性名詞につく形にして合わせます。

Šel jsem s novým kolegou k šéfovi.
私は新しい同僚と一緒に上司のところへ行きました。

17-4 動詞Ⅱ型の現在活用

odpočinout si「休む」

	単数	複数
1人称	odpočinu si	odpočineme si
2人称	odpočineš si	odpočinete si
3人称	odpočine si	odpočinou si

pronajmout「賃貸しする」

	単数	複数
1人称	pronajmu	pronajmeme
2人称	pronajmeš	pronajmete
3人称	pronajme	pronajmou

不定形がnoutあるいはmoutで終わる動詞がⅡ型に属します。最後のoutを取り去ってから、語尾u, eš, e, eme, ete, ouを主語の人称と数に合わせてつけ替えます。この語尾の前に必ずnかmがあるのがこの型の特徴です。

例文4 **Na dovolené si dobře odpočinu.**

Pronajmeme tenhle byt. このアパートを貸しに出そう。

pronajmoutは、一定期間支払いを受けて貸すという意味です。これにsiを添えると、一定期間お金を払って借りるという意味になります。

Pronajmeme si tenhle byt.　このアパートを借りよう。

不定形が nout あるいは mout で終わらない、Ⅱ型の動詞もあります。

začít「始める、始まる」

	単数	複数
1人称	začnu	začneme
2人称	začneš	začnete
3人称	začne	začnou

vzít「取る」

	単数	複数
1人称	vezmu	vezmeme
2人称	vezmeš	vezmete
3人称	vezme	vezmou

例文5 Příští týden si vezmu dovolenou.

Tak začneme!　では、始めましょう！

- すでに覚えた副詞の tak には、助詞として「では」という意味もあります。

17-5　動詞Ⅱ型の l 分詞

Ⅱ型の動詞は l 分詞にするときに、注意が必要です。

不定形が nout で終わるものは、nout の前が母音なら nul に、子音なら nout を取り去って l をつけます。

例 odpočinout si → odpočinul si, dosáhnout → dosáhl.
Na dovolené si dobře odpočinul.　休暇中彼はよく休みました。
Dosáhli jsme vítězství.　私たちは勝利に達しました（勝ちました）。

しかし、zapomenout は zapomněl となります。
Petr zapomněl deštník v autobuse.　ペトルはバスの中に傘を忘れました。

不定形が mout で終わるものは jal としますが、口語では mul もあります。
例 pronajmout → pronajal / pronajmul.
Pronajali jsme si auto na týden.　私たちは車を1週間借りました。

začít, vzít の l 分詞はそれぞれ、začal, vzal です。
Klavírista začal hrát.　ピアニストは（ピアノを）弾き始めました。
Vzala jsem si dovolenou na týden.　私は1週間の休暇を取りました。

第 17 課の練習問題　　解答は 225 ページ

練習 1　前置詞に合わせて（　）の中の語を適切な形に変えなさい。

1. mluvit s (tenhle turista)
2. stát před (pan Smetana)
3. stůl pro (nový předseda)
4. jít k (tento kolega)
5. mluvit o (ten klavírista)
6. bydlet u (Honza Novák)

練習 2　次の文と会話を日本語に訳しなさい。

1. Vezmu si tohle černé kolo.
2. Dosáhli jsme velkého vítězství.
3. Jaké bude zítra počasí?
4. Zvolili jsme nového předsedu.
5. Syn bude studovat japonskou literaturu.
6. Zapomněl jsem na domácí úkol.
7. Pronajali jsme si byt a začali žít v Tokiu.
8. ー Kde jsi byla na dovolené?
   ー V Hakone.
   ー Odpočinula sis dobře?
   ー Ano, ale už se těším na příští dovolenou.

- Hakone「箱根」は中性の不変化名詞です。
- se や si を伴う動詞の 2 人称単数の過去形は jsi se, jsi si とならず、それぞれ ses, sis とします。例 Kdy ses vrátila?「いつ帰ったの」。

練習 3　次の文をチェコ語に訳しなさい。

1. あなたがたはどのくらい頻繁に帰省しますか（家へ帰りますか）。
2. その大きな辞書をいただきます（取ります）。
3. 家に着くと、マルケータは本を読み始めました。
4. 来週私たちは車を借ります。
5. そのチェコのピアニストについて何か知っていますか。

第 18 課

この課で学習する文

例文1 **Promiňte prosím, kde se prodávají vstupenky?**
すみませんが、入場券はどこで売っていますか。

例文2 **V té firmě pracují Slováci.**
その会社にはスロヴァキア人が働いています。

例文3 **Tady se často stávají dopravní nehody.**
ここではよく交通事故が起きます。

例文4 **Ti studenti jsou z Japonska.** その学生たちは日本出身です。

例文5 **Zítra půjdeme na hrad.** 明日はお城に行きましょう。

この課で覚える単語

dopravní　交通の
drahý　（値段が）高い
firma　女 会社
hrad　男 城
jméno　中 名前
kouřit　不完 IV タバコを吸う
lékař　男 医者
otec　男 父
park　男 公園
prodávat　不完 V 売る

promiňte　すみません、恐れ入ります
republika　女 共和国
sedět　不完 IV 3. pl.: -i　座っている
stát se　完 II 起こる、(+7) ～になる
stávat se　不完 V 起こる、(+7) ～になる
strýc　男 おじ
tichý　静かな
Tomáš　男 トマーシュ（男の人の名）
učitel　男 教師
vstupenka　女 入場券

- チェコ共和国は Česká republika といいます。前の語は大文字で始まりますが、後の語は小文字です。
- prodávat は「(～を) 売る」という意味です。これに se を添えると、「(～が) 売られている」という意味に変わります。
- 子音の直前の ň で表わされる発音は n と変わらなくなります。したがって、promiňte は［プロミンテ］と発音します。これはものを尋ねるときに、疑問文の前につけて使う、相手の注意をひきつけることばです。さらに丁寧に、prosím を添えるときもあります。promiňte は相手が vy のときの形です。相手が ty であれば、promiň です。

第 18 課

18-1 名詞の複数 1 格（主格）

2つ以上または2人以上であることを示すには、複数形を用います。
不活動体の男性名詞には語尾 y がつきます。 例 vlak → vlaky.
女性名詞は語尾 a を y に替えます。 例 vstupenka → vstupenky.
o で終わる中性名詞は語尾 o を a に替えます。 例 kolo → kola.
í で終わる中性名詞の語尾は í のままです。 例 nádraží → nádraží.

例文1 Promiňte prosím, kde se prodávají vstupenky?

To jsou kola.　これらは自転車です。

> ・すでに学習したように、動詞は主語の人称と数に合わせて形を整えます。しかし、To je ～ . の構文だけは、být は主語の to ではなく、「～」の部分の人称と数に合わせます。 例 To jsem já.「それは私です」。過去形なら、性も合わせます。 例 To byla kola.「これらは自転車でした」。
> ・複数5格（呼格）はあらゆる変化タイプの名詞で常に複数1格と同じ形です。

活動体の男性名詞の場合、複数1格の語尾は、i, ové, é のうちいずれかの語尾をつけます。一番多く現われるのが i で、一番少ないのが é です。
例 kamarád → kamarádi, pes → psi, student → studenti. 単数1格が1音節の語は語尾 ové となる傾向があります。 例 syn → synové, šéf → šéfové. 中には2つの語尾をもつ語もあります。 例 manžel → manželové / manželé, pán → páni / pánové.

> ・manželové は「夫たち」、manželé は「夫婦」という意味です。

男の人を表わす a で終わる語は、複数1格で i となることはあまりありません。単数1格が ista で終わる語は a を取り去って é をつけます。それ以外の語は a を取り去って ové をつけることが多くなります。
例 klavírista → klavíristé, kolega → kolegové, předseda → předsedové, turista → turisté.

18-2　子音交替

複数 1 格語尾の i がつくとき、直前の子音が k, g, h, ch, r の場合それぞれ c, z, z, š, ř に交替します。**例** Slovák → Slováci, Čech → Češi, bratr → bratři, inženýr → inženýři. また、dědeček は後ろから 2 番目の e が消えて、さらに子音交替を起こすので、dědečci となります。

例文2 **V té firmě pracují Slováci.**

18-3　形容詞と指示代名詞の複数 1 格

形容詞の複数 1 格

	硬変化型		軟変化型	
	語尾	例	語尾	例
男・活	í	noví	í	hlavní
男・不活	é	nové	í	hlavní
女	é	nové	í	hlavní
中	á	nová	í	hlavní

例文3 **Tady se často stávají dopravní nehody.**

- 硬変化型の語尾 í の直前が k, h, ch, r のとき、以下のように交替します。k → c, h → z, ch → š, r → ř. **例** velký → velcí, drahý → drazí, tichý → tiší, dobrý → dobří.
- 男性単数 1 格形が ský で終わる形容詞は štί に、cký で終わる形容詞は čtí と 2 つの子音がまとめて交替します。**例** český → čeští, anglický → angličtí.

To jsou tiší studenti.　これはおとなしい（静かな）学生たちです。

Tam sedí angličtí inženýři.　そこにイギリスの技師たちが座っています。

指示代名詞の複数 1 格

男・活	ti	tito / tihle
男・不活	ty	tyto / tyhle
女	ty	tyto / tyhle
中	ta	tato / tahle

例文4 Ti studenti jsou z Japonska.

18-4 子音で終わる軟変化型の男性名詞

チェコ語の子音は硬子音、軟子音、中立の子音の3つに分類できます。

硬子音	軟子音	中立の子音
t, d, n, r, k, g, h, ch	t', d', ň, ř, š, ž, č, c, j	p, b, f, v, m, l, s, z

ハーチェク（ˇ）つきの文字とc, jの2つを加えた文字で表わされる子音が軟子音です。唇を用いる音（p, b, f, v, m）と後にěを書けないという規則があるl, s, zで表わされる子音が中立の子音です。

子音で終わる男性名詞は、これまで硬子音で終わる名詞のみを紹介してきました。これを硬変化型といいます。それに対して **応用と実践1** にでてきたchlapec, Japonecなど軟子音で終わる男性名詞は軟変化型です。他に名前のTomáš「トマーシュ」、lékař「医者」、strýc「おじ」などがあります。

軟変化型の男性名詞は単数で以下の変化をします。

lékař「医者」

格	語尾	例	格	語尾	例
1	なし	lékař	5	i	lékaři
2	e	lékaře	6	i / ovi	lékaři
3	i / ovi	lékaři	7	em	lékařem
4	e	lékaře			

Znáte jméno toho lékaře? その医師の名前を知っていますか。(2格)
Čekáme na Tomáše. 私たちはトマーシュを待っています。(4格)
Ahoj, Tomáši! やあ、トマーシュ！(5格)

単数3格と6格の語尾はiかoviです。人名であればiもoviも出てきます。1語であればovi, 他の語を伴うときはiとなる傾向が見られます。人名でなければ1語であってもiだけです。

Jdu k lékaři. 私は医者のところに行きます。(3格)
Mluvíme o Tomášovi. 私たちはトマーシュについて話しています。(6格)

Mluvíme o Tomáši Smetanovi.
私たちはトマーシュ・スメタナについて話しています。（6格）

> • ec で終わる語のうちのいくつかは5格で če となります。**例** chlapec → chlapče! otec → otče! さらに、strýc には通常の strýci! に加えて strýče! という5格形があります。

Ten chlapec se stal lékařem. その少年は医者になりました。（7格）

複数1格は、他の活動体男性名詞と同様、i, ové, é のいずれかの語尾です。**例** chlapec → chlapci, Japonec → Japonci, lékař → lékaři, strýc → strýci / strýcové.

tel で終わる語の複数1格の語尾は必ず é です。**例** učitel → učitelé.

> • 中立の子音は時と場合によって硬子音として扱ったり軟子音として扱ったりします。たとえば、manžel は硬変化型ですが、učitel「教師」など最後が tel で人を表わす語は、同じ l で終わっていても軟変化型に属します。**例** Čekáme na učitele.「私たちは先生を待っています」。

18-5 特殊な不完了体未来形

不完了体にもかかわらず、未来形が budu, budeš...+ 不定形とならない動詞があります。すでに学んだ jít と jet です。この2つの動詞の未来形は接頭辞をつけることによって表わします。jít には pů という接頭辞を、jet には po という接頭辞をつけます。

例文5 Zítra půjdeme na hrad.

Příští týden pojedeme do Brna. 来週私たちはブルノへ行きます。

接頭辞のつく未来形になるのは、1つの場所から別の場所への移動を表わす動詞です。これまでに覚えた動詞のうち、letět と nést も移動を表わすので、これらの動詞も接頭辞 po をつけて未来形となります。

Poletím do Tokia. 私は東京へ飛行機で行きます。

第 18 課の練習問題 　解答は 226 ページ

練習 1 次の語を複数1格に変えなさい。

1. hlavní inženýr
2. nová kniha
3. malé náměstí
4. ten učitel
5. tohle okno
6. český klavírista

練習 2 （　）の中の語を適切な形に変えなさい。

1. Znáte (ten chlapec)?
2. Jan se chce stát (dobrý lékař).
3. Bydlím u (strýc).
4. Naproti (Tomáš) sedí Markéta.
5. Mluvíš o (ten učitel)?
6. Nerozumím (otec).

練習 3 次の文を日本語に訳しなさい。

1. Včera se tam stala dopravní nehoda.
2. Na dvoře běhají psi.
3. Promiňte prosím, kde se prodávají časopisy?
4. Odkud jsou ti klavíristé? – Z České republiky.
5. Turisté často navštěvují tenhle hrad.
6. Pronajmu si auto a pojedu do Českého Krumlova.

練習 4 次の文をチェコ語に訳しなさい。

1. 私はその先生の名前を忘れてしまいました。
2. おじいさんたちはそこに座ってタバコを吸っています。
3. 明日私は図書館へ行きます。
4. 日本では住居はとても高いです。
5. 公園の前に車（複数）が止まっています。
6. 「休暇にはどこへ行くつもりですか」「たぶん箱根へ行きます」
7. その会社にはチェコ人（複数）が働いています。
8. すみません、ボールペンはどこで売っていますか。

第 19 課

この課で学習する文

例文1 **Turisté rádi navštěvují různé historické památky.**
観光客たちはさまざまな名所旧跡を好んで訪れます。

例文2 **Můžu tady kouřit?** ここでタバコを吸っていいですか。

例文3 **Smím tady kouřit?**
ここでタバコを吸ってもさしつかえないでしょうか。

例文4 **Musím mu napsat.** 彼に書かなければ。

例文5 **Máš mu napsat.** 君は彼に書くべきだよ（書いておいてね）。

例文6 **To může být pravda.** それは本当かもしれない。

この課で覚える単語

cítit 不完 IV 感じる
cizí 外国の、見知らぬ
čaj 男 お茶
dlouho 長く、長い間
doufat 不完 V ～であればよいと思う
historický 歴史的な
hodně たくさん
hudební 音楽の
koberec 男 絨毯
muset 不完 IV 3. pl.: -ejí / -í
　～しなければならない

nástroj 男 道具、器具
památka 女 記憶、記念物、名所
počítač 男 コンピューター
pokoj 男 部屋
pozvat 完 I 1. sg.: pozvu 招待する
psací 書き物の、書くための
různý さまざまな、いろいろな
smět 不完 IV 3. pl.: -ejí / -í ～してよい
stroj 男 機械
učit se 不完 IV 学ぶ

- 「楽器」は hudební nástroj といいますが、文脈によっては nástroj だけでも用いられます。
- psací stroj は「タイプライター」です。「タイプライターで書く」というときは、na ＋ 6格となります。例 Dřívejsem psala na psacím stroji.「以前私はタイプライターで書いていました」。stroj の変化は **19-3** を参照のこと。
- 再帰代名詞の4格 se を伴う動詞は、通常4格の名詞と結びつきません。se がすでに4格だからです。しかし、učit se は例外的に4格と結びつきます。また、「～語を学ぶ」というときは副詞とも結びつきます。例 Učíme se angličtinu. / Učíme se anglicky.「私たちは英語を学んでいます」。

114

19-1　名詞の複数4格（対格）

　活動体の男性名詞を除いて、名詞の複数4格は複数1格と同じ語尾です。ですから、不活動体の男性名詞と女性名詞は語尾が y となりますし、o で終わる中性名詞は a という語尾です。í で終わる中性名詞は í のままです。

例 vlak → vlaky, vstupenka → vstupenky, kolo → kola, nádraží → nádraží.

　活動体の男性名詞は複数4格と複数1格の語尾が異なります。
　硬子音で終わる活動体の男性名詞には語尾 y がつきます。

例 student → studenty.（参照：複数1格 studenti）

　a で終わる活動体の男性名詞は、語尾 a を y に替えます。

例 předseda → předsedy.（参照：複数1格 předsedové）

　軟子音で終わる活動体の男性名詞には語尾 e がつきます。

例 lékař → lékaře.（参照：複数1格 lékaři）

19-2　形容詞と指示代名詞の複数4格

形容詞の複数4格

	硬変化型		軟変化型	
	語尾	例	語尾	例
男	é	nové	í	hlavní
女	é	nové	í	hlavní
中	á	nová	í	hlavní

例文1　**Turisté rádi navštěvují různé historické památky.**

Učíme se cizí jazyky.　私たちは外国語を学んでいます。

指示代名詞の複数4格

男	ty	tyto / tyhle
女	ty	tyto / tyhle
中	ta	tato / tahle

　名詞と同様、形容詞も指示代名詞も不活動体男性、女性、中性の複数4

格は複数1格の形と同じです。また、複数4格には活動体、不活動体による形の違いはありません。

Doufám, že mi tatínek koupí ty nové knihy.
お父さんはそれらの新刊書を買ってくれるといいなと思う。

19-3 子音で終わる軟変化型の不活動体男性名詞

軟子音で終わる、人や動物ではない男性名詞は単数で以下のような変化をします。

stroj「機械」

格	語尾	例	格	語尾	例
1	なし	stroj	5	i	stroji
2	e	stroje	6	i	stroji
3	i	stroji	7	em	strojem
4	なし	stroj			

このような変化をする軟変化型の不活動体の男性名詞には、他に čaj「お茶」、koberec「絨毯」、nástroj「道具、器具」、počítač「コンピューター」、pokoj「部屋」などがあります。

Filip dlouho seděl u počítače.
フィリップは長い間コンピューターに向かって座っていました。（2格）

Paní Nováková pozvala Markétu na čaj.
ノヴァーコヴァーさんはマルケータをお茶に招きました。（4格）

Dříve jsem psala na psacím stroji, ale teď píšu na počítači.
以前私はタイプライターで書いていましたが、今はコンピューターで書いています。（6格）

Cítím, že je něco pod kobercem. 絨毯の下に何かがいるのを感じます。（7格）

複数は1格も4格も語尾 e をつけます。

To jsou nové počítače. これは新しいコンピューター（複数）です。

Tomáš umí hrát na různé hudební nástroje.
トマーシュはいろいろな楽器を演奏できます。（4格）

19-4　許可を表わす動詞

moct「できる」が許可も表わせることは 12-2 ですでに学びました。

例文2　**Můžu tady kouřit?**

ほぼ同じ内容を smět と不定形を組み合わせても表現できます。moct よりも改まった場面で用いられます。

例文3　**Smím tady kouřit?**

否定形は禁止を表わします。smět の方が禁止の度合いが高くなります。

Nemůžete tady kouřit. / Nesmíte tady kouřit.
ここでタバコを吸ってはいけません。

どちらの文も主語は2人称複数の vy です。したがって「あなた」もしくは「あなたがた」に対する禁止です。

動詞を3人称単数形 nemůže, nesmí として再帰代名詞の se を添えると主語が曖昧になり、一般に禁止されているというニュアンスが出ます。

V metru se nemůže kouřit. / V metru se nesmí kouřit.
地下鉄内での喫煙は禁止されています。

19-5　義務を表わす動詞

義務、つまり「～しなければならない」を表わすには、muset という動詞を用います。

例文4　**Musím mu napsat.**

似たような意味で、あらかじめ計画されていることやふさわしい行動が要求されるとき、つまり「～することになっている」とか「～すべき」という意味を mít と不定形を組み合わせて表わすことができます。

例文5　**Máš mu napsat.**

muset の否定形は、「～する必要がない」、「～しなくていい」という意味になります。

Nemusíte mu psát.　あなたは彼に書かなくてもいいのです。

ところが、mít の否定形は「～すべきではない」、「～しない方がいい」という意味です。

Nemáš mu psát.　君は彼に書いたらだめだよ（書かない方がいいよ）。

義務を表わすこれらの動詞も 3 人称単数形と se を組み合わせると、主語が曖昧になり、一般性がでます。

19-6　確信の有無を表わす動詞

19-4 と 19-5 にでてきた moct, muset, mít はまた、確信の有無も表わせます。

moct はそれほど確信がもてないとき、「～かもしれない」という意味で用います。

例文5　**To může být pravda.**

否定形は「ありえない」です。

To nemůže být pravda.　それが本当ということはありえない。

muset, mít は確信があるときに用います。意味は「～に違いない」とか「～のはずだ」です。

Něco se mu muselo stát.　彼に何かが起こったに違いない。
Zítra má pršet.　明日は雨が降るはずだ。

否定形にすると「～のはずがない」という意味になります。

Nic se mu nemuselo stát.　彼に何も起きたはずがない。
Včera nemělo pršet.　きのう雨が降ったはずがない。

許可や義務、そして確信の有無など、作られた文に対する話し手の態度や姿勢を叙法といいます。そして、moct, smět, muset などを叙法の動詞といいます。すでに学んだ chtít も叙法の動詞です。

第 19 課の練習問題　解答は 227 ページ

練習 1　次の語を複数4格に変えなさい。

1. dopravní nehoda
2. malé náměstí
3. český student
4. tenhle stroj
5. ta vstupenka
6. to jméno

練習 2　（　）の中の語を適切な形に変えなさい。

1. Dlouho mluvil o (ten nástroj).
2. Tam jsou (různý počítač).
3. V (ten pokoj) nic není.
4. Doufám, že mi bratr koupí (ten koberec).

練習 3　次の文と会話を日本語に訳しなさい。

1. Viděl jsem pána, jak letí na koberci. – To nemůže být pravda!
2. Dědeček neslyšel dobře a musel chodit k lékaři.
3. – Prosím.
   – Dobrý den, tady je Filip.
   – Promiňte, špatně slyším. S kým mluvím, prosím?
   – Tady je Filip. Filip Novák. Můžu mluvit s Markétou?
   – Dobrý den, Filipe... Markéto! To je pro tebe!

練習 4　次の文をチェコ語に訳しなさい。

1. 君はその講義を聞いた方がよかったよ。
2. 中庭でサッカーをすることは禁止されています。
3. それはいい本かもしれませんが、とても高いので私には買えません。
4. 私はお医者さんに行く必要はないと思います。
5. フィリップはいろいろなコンピューターをもっています。
6. あなたはよく休まなくてはなりません。

第 20 課

この課で学習する文

例文1 **Máme hodně času.** 私たちには時間はたくさんあります。

例文2 **V téhle firmě pracuje hodně Japonců.**
この会社にはたくさんの日本人が働いています。

例文3 **Na téhle univerzitě jsou studenti z různých měst.**
この大学にはさまざまな町から来た学生がいます。

例文4 **Zeptal jsem se na to těch profesorů.**
私はそのことをその教授たちに訊きました。

例文5 **Poslouchali jsme přednášku o japonských hudebních nástrojích.**
私たちは日本の楽器に関する講義を聞きました。

例文6 **Profesoři mluvili o těch cizích studentech.**
教授たちはその外国人学生たちについて話していました。

この課で覚える単語

Anglie 女 イギリス、イングランド
antikvariát 男 古書店、古本屋
a tak だから、それで
čas 男 時間
fakulta 女 学部
knihkupectví 中 書店、本屋
málo 少しの
mnoho たくさんの
několik いくつかの、いくらかの
pobočka 女 支社、支店

práce 女 仕事
referát 男 レポート
restaurace 女 レストラン
růže 女 バラ
sklenice 女 コップ、グラス
šálek 男 カップ
ulice 女 道、通り
zahraničí 中 外国
zahraniční 外国の
zeptat se 完 V (+2) 質問する、尋ねる

- antikvariát は外来語です。そのため、ti の部分は [ty] と発音します。
- 「時間」という意味で用いる čas や zahraničí には複数形がありません。
- fakulta は場所や方向を表わすとき、前置詞 na と結びつきます。
- práce は mít と組み合わせて目的語になると「忙しい」という意味になります。例 Mám práci.「私は忙しい（やることがあります）」。この意味で用いられる práce は慣習的に単数形です。変化は **20-6** を参照のこと。
- trochu も málo も意味にほとんど違いはありませんが、「少し」の捉え方が違います。前者は「少しはある」に対し、後者は「少ししかない」です。

第20課

20-1　名詞の複数2格（生格）

　男性名詞の複数2格の語尾は ů です。硬子音の後でも軟子音の後でもこの語尾がつきますし、a で終わる男性名詞は語尾 a を ů に替えます。

例 student → studentů, deštník → deštníků, lékař → lékařů, pokoj → pokojů, předseda → předsedů.

　女性名詞は語尾の a を取り去ると複数2格ができます。

例 kniha → knih.

　o で終わる中性名詞の複数2格も語尾の o を取り去ります。

例 město → měst.

　í で終わる中性名詞の複数2格の語尾は í のままです。

例 nádraží → nádraží.

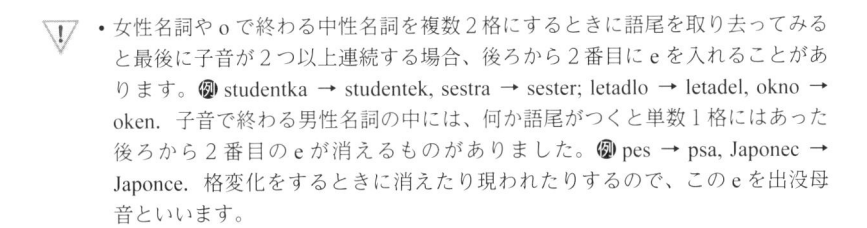

> ・女性名詞や o で終わる中性名詞を複数2格にするときに語尾を取り去ってみると最後に子音が2つ以上連続する場合、後ろから2番目に e を入れることがあります。**例** studentka → studentek, sestra → sester; letadlo → letadel, okno → oken. 子音で終わる男性名詞の中には、何か語尾がつくと単数1格にはあった後ろから2番目の e が消えるものがありました。**例** pes → psa, Japonec → Japonce. 格変化をするときに消えたり現われたりするので、この e を出没母音といいます。

20-2　数量を表わす語と2格

　pracovat hodně「たくさん働く」とか bát se trochu「ちょっと怖い」という使い方ですでに学んだ副詞の hodně や trochu は次に名詞をともなって「たくさんの～」、「少しの～」とおおよその分量が表わせます。名詞は数えられなければ単数の2格に、数えられれば複数の2格にします。

例文1　**Máme hodně času.**

Máme jen trochu času.　私たちには少しだけ時間があります。

　hodně や trochu を含む語全体が「たくさんの～を」、「少しの～を」と目的語として働くこともありますが、主語として働いて「たくさんの～が」、「少しの～が」ということもあります。このとき述語の動詞は3称単数（中性）の形です。

例文2 V téhle firmě pracuje hodně Japonců.

V šálku bylo trochu čaje. カップには少しだけお茶がありました。

mnoho「たくさんの」、málo「少しの」、několik「いくつかの、いくらかの」という語も同じように使います。

V šálku bylo málo kávy. カップにはコーヒーが少ししかありませんでした。
Na téhle fakultě studuje mnoho studentů.
この学部にはたくさんの学生が学んでいます。
Na stole leželo několik knih. 机の上には本が何冊かありました。

20-3　形容詞と指示代名詞の複数2格

複数形の名詞につく形容詞と指示代名詞は1格（5格）と4格を除く他の格が常に3性共通です。

形容詞の複数2格

	硬変化型		軟変化型	
	語尾	例	語尾	例
3性共通	ých	nových	ích	hlavních

例文3 Na téhle univerzitě jsou studenti z různých měst.

V Tokiu je mnoho poboček zahraničních firem.
東京には外国企業の支社がたくさんあります。

指示代名詞の複数2格

3性共通	těch	těchto / těchhle

例文4 Zeptal jsem se na to těch profesorů.

20-4　名詞の複数6格（前置格）

硬子音で終わる男性名詞には原則として語尾 ech がつきます。
例 student → o studentech, stůl → na stolech. しかし、ích がつくときもあ

ります。最後が k, g, h, ch の名詞です。そのとき、k → c, g → z, h → z, ch → š と子音が交替します。**例** deštník → o deštnících, Čech → o Češích.

Napsala jsem referát o Češích v zahraničí.
私は外国にいるチェコ人たちに関するレポートを書きました。

a で終わる男性名詞は a を ech に替えます。
例 předseda → o předsedech.
軟子音で終わる男性名詞には語尾 ích がつきます。
例 lékař → o lékařích, pokoj → v pokojích.
女性名詞は a を ách に替えます。**例** kniha → o knihách.
o で終わる中性名詞は o を ech に替えます。**例** město → ve městech.
ただし ko で終わる語には ech ではなく ách がつきます。
í で終わる中性名詞は í を ích に替えます。**例** nádraží → na nádražích.

Chtěla jsem ten slovník, a tak jsem chodila po knihkupectvích a antikvariátech.
私はその辞書が欲しくて、書店や古本屋をめぐりました。

20-5　形容詞と指示代名詞の複数6格

形容詞と指示代名詞の複数6格は、複数2格とまったく同じ形です。

形容詞の複数6格

	硬変化型		軟変化型	
	語尾	例	語尾	例
3性共通	ých	nových	ích	hlavních

例文5 Poslouchali jsme přednášku o japonských hudebních nástrojích.

指示代名詞の複数6格

3性共通	těch	těchto / těchhle

例文6 Profesoři mluvili o těch cizích studentech.

20-6　eで終わる女性名詞の変化

aで終わる女性名詞よりは数は少ないのですが、軟子音＋eで終わる女性名詞があり、次のような変化をします。

růže「バラ」、sklenice「コップ」

	単数		複数	
	語尾	例	語尾	例
1	e	růže / sklenice	e	růže / sklenice
2	e	růže / sklenice	í / なし	růží / sklenic
3	i	růži / sklenici		
4	i	růži / sklenici	e	růže / sklenice
5	e	růže / sklenice	e	růže / sklenice
6	i	růži / sklenici	ích	růžích / sklenicích
7	í	růží / sklenicí		

　複数の3格と7格はまだ学習していないので上の表には載せていません。複数2格の語尾は、通常はíです。しかし、単数1格がice, íceあるいはile, íleで終わる語は語尾eを取り去ってicもしくはilにします。

　eで終わる女性名詞には他にAnglie「イギリス」、práce「仕事」、restaurace「レストラン」、ulice「通り」などがあります。

Filip má teď hodně práce.　フィリップは今とても忙しい。（単数2格）
Hledám práci.　私は仕事を探しています（単数4格）
V téhle ulici bydlí strýc.　この通りにおじが住んでいます。（単数6格）
V Praze jsou různé restaurace.
プラハにはさまざまなレストランがあります。（複数1格）
Na stole stálo několik sklenic.
テーブルの上にはコップがいくつかありました。（複数2格）
Eliška má ráda růže.　エリシュカはバラが好きです。（複数4格）
Mluvili jsme o japonských restauracích v Praze.
私たちはプラハにある日本食レストランについて話をしました。（複数6格）

第 20 課の練習問題　　解答は 227 ページ

練習 1　次の語を複数 2 格に変えなさい。

1. velký stůl
2. to knihkupectví
3. psací stroj
4. historická památka

練習 2　次の語を複数 6 格に変えなさい。

1. zahraniční firma
2. tahle ulice
3. nový učitel
4. staré náměstí

練習 3（Track 63）　次の文を日本語に訳しなさい。

1. Markéto, máš dnes čas? – Málo. Musím napsat referát.
2. Strýc obvykle večeří v téhle restauraci.
3. Četl jsem knihu o Japoncích v zahraničí.
4. Jela jsem do Anglie a studovala anglickou literaturu.

> ・接続詞 a の前後の文が同じ主語だと、過去形に用いられる být の活用形が省略されることがあります。

練習 4　次の文をチェコ語に訳しなさい。

1. 私は仕事を探しています。路上で暮らしたくはありません。
2. すみません、カップとグラスはどこで売っていますか。
3. エリシュカ、今日時間ある？僕たちと映画に行きたくない？
4. この学部にはたくさんの外国人の学生が学んでいます。
5. 明日このレポートを書きあげて休暇に出かけます。

> ・v ulici は「その」や「この」といった指示代名詞と共に、あるいは具体的な固有名詞と共に用いて「～通りに」という意味を表わします。例 Bydlíme v téhle ulici.「私たちはこの通りに住んでいます」。それに対して、na ulici は「路上に、戸外で」という意味です。そして po ulici は「通りに沿って」、「通りを」（歩く）という意味です。例 Když jdeš po ulici, nesmíš kouřit.「通りを歩くときにタバコを吸ってはいけない」。

応用と実践 4

解答は 228 ページ

練習 1　次の単語を覚えましょう。

bavit　不完 IV　楽しませる
konečně　とうとう、ついに
měsíc　男 月
místo　中 場所、席、職
najít　完 I　1. sg.: -jdu　見つける
nedávno　最近
nějaký　何らかの、ある
odjet　完 I　1. sg.: -jedu
　　　（乗り物で）出発する
plný (+2)　〜でいっぱいの
poradit　完 IV　助言する
pozdravit　完 IV　挨拶する

přemýšlet　不完 IV　3. pl.: -ejí / -í
　　　熟考する
přijet　完 I　1. sg.: -jedu
　　　（乗り物で）来る、到着する
přijmout　完 II　受け入れる
přítelkyně　女 友人、恋人
slovo　中 単語
spokojený (s+7)　〜に満足だ
učitelka　女 教師
usmát se　完 III　1. sg.: usměji se
　　　微笑む
zajímavý　おもしろい、興味深い

- bavit は楽しく思う人を4格にして表わします。**例** Práce mě baví.「仕事は（私にとって）楽しい」。
- pozdravit は「〜に挨拶する」というとき、4格と結びつきます。**例** Chlapec pozdravil pana Nováka.「少年はノヴァークさんに挨拶しました」。
- チェコ語には軟子音 t', d', ň の後に e を書けず、tě, dě, ně と書くという綴りの規則があります。ですから、přítelkyně は e で終わる女性名詞の変化型に属しますが、語尾が e のところはすべて ě と書きます。
- usmát se は「〜に微笑みかける」というとき、na + 4格と結びつきます。**例** Teta Jana se usmála na Tomáše.「ヤナおばさんはトマーシュに微笑みかけました」。

練習 2　（　）の中の語を適切な形に変えなさい。数は変えないこと。

1. Před (měsíc) k nám přijel strýc.
2. Musíme se učit mnoho (nová slova).
3. Napsal jsem referát o (cizí turisté).

4. Babička se usmála na (ti chlapci).
5. Ráda píšu na (tenhle počítač).

練習 3 （　）の中の語を使って質問に答えなさい。
1. Co budete dělat zítra ráno? – (jít na procházku se psem).
2. Co bude dělat Petr zítra dopoledne? – (přijít k nám a pomáhat babičce).
3. Co budeš dělat večer? – (odpočinout si doma).

練習 4 次の文章をチェコ語に訳しなさい。

私の兄はイギリスへ行きました。私は彼が何をしているのか知りたいのに、いつも本か映画について書いてきます。

練習 5 次の文章を日本語に訳しなさい。

> Moje nová práce
>
> Dlouho jsem hledal nějakou zajímavou práci a nedávno jsem ji konečně našel. Byl jsem moc rád. Jestli ji ale přijmu, budu pracovat v Anglii. Bojím se, že moje přítelkyně tam se mnou nepojede. Má tady hezké místo. Pracuje jako učitelka a s tou prací je spokojená. Přemýšlel jsem, co mám dělat, ale neměl jsem dost času. A tak jsem si dnes ráno pronajal auto a odjel k tetě Janě. Doufal jsem, že mi poradí.
>
> Když jsem k ní přijel, teta pracovala na zahradě plné růží. Pozdravil jsem ji a ona se na mě usmála. Viděl jsem, že je spokojená, protože dělá to, co ji baví.
>
> Teď už vím, co budu dělat, až se vrátím domů.

- práce は、単数7格および複数の2, 3, 6, 7格で語幹の母音が短くなります。
  例 Jsem spokojený s prací.「私は仕事に満足しています」。
- až には接続詞「～のとき」もあります。この接続詞は必ず未来のことを話題にします。それに対して現在あるいは過去のことを話題にするときは když です。
  例 Když je hezké počasí, pracuji na zahradě.「天気がいいときに私は庭仕事をします」。Až bude hezké počasí, budu pracovat na zahradě.「天気がいいときに私は庭仕事をするつもりです」。

第 21 課

この課で学習する文

例文 1 **Řekl jsem to jen dobrým přátelům.**
私は親しい友人にだけそれを言いました。

例文 2 **Nemůžu věřit těm informacím.**
それらの情報は信じられません。

例文 3 **Je tady někde obchod s hudebními nástroji?**
このあたりに楽器店はありますか。

例文 4 **S těmi studenty jsem se setkal před měsícem.**
1か月前に私はその学生たちと会いました。

例文 5 **Ty šaty jí sluší.** そのドレスは彼女に似合っています。

例文 6 **Eliška často pomáhá své babičce.**
エリシュカはよくおばあさんを手伝います。

この課で覚える単語

brýle 女複 眼鏡
informace 女 情報
každý それぞれの、毎〜
líbit se 不完 Ⅳ 気に入っている、好きだ
mladý 若い
někde どこかで・に
nosit 不完 Ⅳ 繰り返し運ぶ、身につけている
noviny 女複 新聞
obchod 男 店
peníze 男複 お金

prázdniny 女複 休み、休暇
přítel 男 友人、恋人
říct 完 Ⅱ いう
setkat se 完 Ⅴ (s+7) 会う
slušet 不完 Ⅳ 3. pl.: -ejí / -í 似合う
svůj 自分の
šaty 男複 ドレス、スーツ
ústa 中複 口
večírek 男 パーティー
věřit 不完 Ⅳ (+3) 信じる、信用する

- líbit se は気に入っている人は3格で、気に入られているものは1格で表わします。**例** Líbí se mi tenhle film.「この映画は気に入っています」。すでに学習した Mám rád (+4). と意味は変わりませんが文構造は異なります。
- dovolená が職場で得る休暇に対して、prázdniny は学校の長期休暇を意味します。
- říct の活用は řeknu, řekneš, ... です。l 分詞は řekl, řekla... となります。
- přítel の変化は **21-2** を、peníze の変化は **21-5** を参照のこと。
- šaty は女性用の「ドレス」、男性用の「スーツ」を表わします。

21-1 名詞の複数3格（与格）

男性名詞の複数3格の語尾は ům です。硬子音の後でも軟子音の後でもこの語尾がつきます。例 student → studentům, deštník → deštníkům, lékař → lékařům, pokoj → pokojům. a で終わる男性名詞は、a を ům に替えます。例 předseda → předsedům.

a で終わる女性名詞は語尾 a を ám に替えます。例 kniha → knihám.
e で終わる女性名詞は語尾 e を ím に替えます。例 růže → růžím.
o で終わる中性名詞は語尾 o を ům に替えます。例 město → městům.
í で終わる中性名詞は語尾 í を ím に替えます。例 náměstí → náměstím.

Jdu k tetám.　私はおばたちのところへ行きます。

21-2 形容詞と指示代名詞の複数3格

形容詞の複数3格

	硬変化型		軟変化型	
	語尾	例	語尾	例
3性共通	ým	novým	ím	hlavním

例文1 Řekl jsem to jen dobrým přátelům.

Markéta často pomáhá cizím studentům.
マルケータはよく外国の学生を助けています。

- přítel「友人、恋人」は特殊な変化をします。単数は učitel とまったく同じ語尾がつきます。しかし、複数は語幹の í が á と交替します。しかも2格は語尾がゼロになります。まとめると、この語は次のように変化します。

	1	2	3	4	5	6	7
単数	přítel	přítele	příteli	přítele	příteli	příteli	přítelem
複数	přátelé	přátel	přátelům	přátele	= 1	přátelích	přáteli

- 単数3格と6格には、頻度は低くなりますが přítelovi という形もあります。複数7格の語尾ついては、次の **21-3** を参照のこと。

指示代名詞の複数3格

| 3性共通 | těm | těmto / těmhle |

例文2 **Nemůžu věřit těm informacím.**

Těm chlapcům se líbí japonské filmy.
その男の子たちは日本映画が気に入っています。

21-3　名詞の複数7格（造格）

　硬子音で終わる男性名詞の後には語尾 y がつきます。例 student → studenty, deštník → deštníky. a で終わる男性名詞もこの語尾で、a を y に交替します。例 předseda → předsedy.

　軟子音で終わる男性名詞の後には語尾 i がつきます。
例 lékař → lékaři, pokoj → pokoji.
　a で終わる女性名詞は語尾 a を ami に替えます。例 kniha → knihami.
　e で終わる女性名詞は語尾 e を emi に替えます。例 růže → růžemi.
　o で終わる中性名詞は語尾 o を y に替えます。例 město → městy.
　í で終わる中性名詞は語尾 í を ími に替えます。
例 náměstí → náměstími.

21-4　形容詞と指示代名詞の複数7格

形容詞の複数7格

	硬変化型		軟変化型	
	語尾	例	語尾	例
3性共通	ými	novými	ími	hlavními

例文3 **Je tady někde obchod s hudebními nástroji?**

Na večírku jsem se setkal s mladými klavíristy.
パーティーで私は若いピアニストたちに会いました。

指示代名詞の複数7格

| 3性共通 | těmi | těmito / těmihle |

例文4 S těmi studenty jsem se setkal před měsícem.

21-5 複数形名詞

名詞の中にはたとえ1つであっても複数形しかないものがあります。これを複数形名詞といいます。チェコ語の場合、どの性なのか、どのタイプの変化をするのかも含めて覚えておかなくてはなりません。

男性名詞には šaty「ドレス、スーツ」や peníze「お金」などがあります。前者は硬変化型の不活動体、後者は軟変化型の不活動体です。

例文5 Ty šaty jí sluší.

Přišel k nám bez peněz.　彼はお金を持たずにうちへやって来ました。

> ・peníze は1格と4格、5格以外では、語幹の母音 í が ě と交替します。男性名詞ですが、2格は語尾がありません。まとめると次のような変化です。

1, 5	2	3	4	6	7
peníze	peněz	penězům	peníze	penězích	penězi

女性名詞には brýle「眼鏡」、noviny「新聞」、prázdniny「休み」などがあります。

Profesor Novák nosí brýle.　ノヴァーク教授は眼鏡をかけています。
V novinách píšou o té nehodě.　新聞にはその事故のことが書かれています。
O prázdninách budu pracovat každý den.　休暇中は毎日働きます。

中性名詞には ústa「口」などがあります。
Celý den jsem neměl nic v ústech.　一日中私は何も食べませんでした。

> ・複数形名詞は「この課で覚える単語」および巻末の語彙集で 男複 、女複 、中複 と表示されています。

21-6　所有代名詞 můj, tvůj, svůj の変化

所有代名詞については単数1格につく形のみ第8課で学びました。můj「私の」は後に続く名詞の性・数・格によって次のような変化をします。

		男性		女性	中性
		活	不活		
単数	1, 5	můj		moje / má	moje / mé
	2	mého		mojí / mé	mého
	3	mému		mojí / mé	mému
	4	mého	můj	moji / mou	moje / mé
	6	mém		mojí / mé	mém
	7	mým		mojí / mou	mým
複数	1, 5	moji / mí	moje / mé	moje / mé	moje / má
	2	mých			
	3	mým			
	4	moje / mé		moje / mé	moje / má
	6	mých			
	7	mými			

　最初の m を tv に替えれば tvůj の変化となり、sv に替えれば svůj「自分の」の変化となります。svůj は再帰の所有代名詞といって、必ず主語と同じ持ち主を表わします。

　2種類の形があるときは、moj の後に語尾のつく方が口語的です。

例文6　**Eliška často pomáhá své babičce.**（女性・単数・3格）

Znáš mého strýce Petra?
私のおじのペトルを知っているの？（活動体男性・単数・4格）

Filip jezdí na mém kole.
フィリップは私の自転車に乗っています。（中性・単数・6格）

Včera jsem se setkal s tvým bratrem.
きのう君のお兄さんに会ったよ。（男性・単数・7格）

Řeknu to jen svým kolegům.
それを同僚たちにだけいおう。（男性・複数・3格）

第 21 課の練習問題　　解答は 229 ページ

練習 1　次の語を複数 3 格に変えなさい。

1. velké okno
2. můj sešit
3. nový počítač
4. česká restaurace

練習 2　次の語を複数 7 格に変えなさい。

1. dobrý přítel
2. mladá dívka
3. tvůj synovec
4. staré auto

練習 3　次の会話を日本語に訳しなさい。

— Filipe, co budeš dělat o prázdninách?

— Chci jet do Japonska, ale mám málo peněz. Budu muset pracovat. A co budeš dělat ty?

— Pojedu do Anglie a budu se učit anglicky.

— Kde budeš bydlet? V nějakém hotelu?

— Ne, v Anglii pracuje můj bratr, a tak budu bydlet u něj.

— Až se vrátíš, budeš mluvit moc dobře anglicky.

練習 4　次の文をチェコ語に訳しなさい。

1. 君の情報（複数）は私たちの役に立っている（私たちを助けている）。
2. 私はパーティーに招待され、そこでイギリスの学生たちと会いました。
3. 私は友人たちに電話をしなくてはなりませんでした。
4. 大学図書館は学生でいっぱいでした。
5. 私たちは自分の仕事に満足しています。
6. 私は自分の学生たちを信じています。
7. お父さんは毎朝新聞を読みます。
8. その眼鏡はフィリップに似合っています。

第 22 課

この課で学習する文

Track 68

- 例文1 **Jezdím do práce tramvají.** 私は職場へ市電で通います。
- 例文2 **Mluv pomalu.** ゆっくり話しなさい。
- 例文3 **Zavři dveře.** ドアを閉めなさい。
- 例文4 **Dej mu čas.** 彼に時間を与えなさい。
- 例文5 **Našemu synovi často tekla krev z nosu.**
  うちの息子はよく鼻血を出しました。

この課で覚える単語

Track 68

červený 赤い	otevřít 完 I 1. sg.: otevřu 開ける
dát 完 V 与える、あげる	píseň 女 歌
dveře 女複 ドア	postel 女 ベッド
hlad 男 飢え	studentský 学生の
kolej 女 寮、線路	téct 不完 I 3. sg: teče 流れる
koncert 男 コンサート	tramvaj 女 路面電車、市電
krev 女 血	tvář 女 頬、顔
lidový 民衆の、民俗の	udělat 完 V する、作る
neteř 女 姪	zavřít 完 I 1. sg.: zavřu 閉める
nos 男 鼻	žízeň 女 のどの渇き

⚠
- dveře の7格は、語尾が emi ではなく、dveřmi という特殊な形です。変化は 22-1 を参照のこと。
- kolej は「寮で」と場所を表わすとき、前置詞は v も na も両方使います。
- hlad と žízeň は mít の目的語として4格で結びつくと、「おなかが空いている」、「のどが渇いている」という意味になります。例 Filip měl velký hlad.「フィリップはおなかがものすごく空いていた」。
- téct はその意味のために通常3人称しか出てきません。単数は teče, 複数は tečou あるいは文語的な tekou で、l 分詞は tekl, tekla, teklo... です。
- udělat は zkouška を目的語とすると、「試験に合格する」という意味です。
- píseň, žízeň のような語末の ň の発音は n とほとんど変わりありません。

第 22 課

22-1　子音で終わる女性名詞の変化（1）

　子音で終わる女性名詞には2つの変化型があります。ここではそのうちの1つ、単数2格の語尾がe/ěとなる変化型を学びます。

tramvaj「路面電車」、píseň「歌」

	単数		複数	
	語尾	例	語尾	例
1	なし	tramvaj / píseň	e / ě	tramvaje / písně
2	e / ě	tramvaje / písně	í	tramvají / písní
3	i	tramvaji / písni	ím	tramvajím / písním
4	なし	tramvaj / píseň	e / ě	tramvaje / písně
5	i	tramvaji / písni	e / ě	tramvaje / písně
6	i	tramvaji / písni	ích	tramvajích / písních
7	í	tramvají / písní	emi / ěmi	tramvajemi / písněmi

　軟子音で終わるtramvajには語尾eがつきますが、písňには語尾ěがついています。ť, ď, ňの後にはeを書けず、子音についているハーチェク（ˇ）を取り去ってěを書くという綴りの規則があるからです。また、i, íもť, ď, ňの後に書かずハーチェクを取り去ってti, di, niとするという規則があります。písňは語尾がつくと後ろから2番目のeが消えます。

例文1　**Jezdím do práce tramvají.**

Milan rád poslouchá lidové písně.　ミランは民謡を聞くことが好きです。

　このような変化をする語は、他にkolej「寮」、krev「血」、neteř「姪」、postel「ベッド」、tvář「頬」、žízeň「のどの渇き」などがあります。このうち、krevとžízeňのeは出没母音です。そのため、単数2格はそれぞれkrve, žízněとなります。

Bydlím na studentské koleji.　私は学生寮に住んでいます。（単数6格）
Je čas jít do postele.　寝る（ベッドに入る）時間です。（単数2格）
Měla červené tváře.　彼女は赤い頬をしていました。（複数4格）
Máte žízeň nebo hlad?
のどが渇いているかおなかが空いていませんか。（単数4格）

22-2 命令法（子音で終わるタイプ）

命令法は現在活用の3人称複数形を基にして作ります。動詞の3人称複数形はすべてíかouで終わっています。これを取り去ると、ty（2人称単数）に対する命令を表わせます。

例文2 **Mluv pomalu.** （3人称複数：mluví）

vy（2人称複数）に対する命令はこの基本となる形にteをつけます。
Mluvte pomalu. ゆっくり話してください（丁寧に）／（君たち）ゆっくり話しなさい。

my（1人称複数）に対する命令はmeをつけます。これは「〜しましょう」という意味です。
Mluvme pomalu. ゆっくり話しましょう。

否定の命令を表わすにはneを前につけます。
Nemluvte tak rychle. そんなに速く話さないでください。

- 命令法を作るとき、語幹の母音が短くなる場合があります。例 napsat → napiš (*3. pl.*: napíšou).
- 語幹のouはuと交替します。例 koupit → kup (*3. pl.*: koupí).
- 3人称複数形のíもしくはouを取り去ってみると、最後がt, d, nとなる語にはそれぞれハーチェクをつけてť, ď, ňとします。例 vrátit se → vrať se (*3. pl.*: vrátí se), jet → jeď (*3. pl.*: jedou), zapomenout → zapomeň (*3. pl.*: zapomenou). vrátit seは語幹の母音も短くなっているところにも注意してください。
例 Nezapomeňte na nás. 「私たちのことを忘れないでください」。

2人称に対する命令法はprosímをともなうことがよくあります。この語があった方がより丁寧です。
Mluvte prosím pomalu. どうぞゆっくり話してください。

22-3 命令法（iで終わるタイプ）

3人称複数形のíもしくはouを取り去ると、最後に子音が連続する場合はiをつけます。すると、tyに対する命令が表わせます。

例文3 **Zavři dveře.** （3人称複数：zavřou）

vy に対しては ěte / ete, my に対しては ěme / eme をつけます。
Zavřete dveře. ドアを閉めてください。／（君たち）ドアを閉めなさい。
Zavřeme dveře. ドアを閉めましょう。

22-4 命令法（ejで終わるタイプ）

V型の動詞、つまり3人称複数形の í を取り去ると aj が最後に残る場合は、aj を ej に替えます。

例文4 **Dej mu čas.** （3人称複数：dají）

vy に対しては te を、my に対しては me をつけます。
Dejte mu čas. 彼に時間を与えてください。／（君たち）彼に時間を与えなさい。
Dejme mu čas. 彼に時間を与えましょう。

22-5 特殊な命令法

ここまでに学習した方法では命令を表わせない動詞が少しあります。
být の命令法は buď, buďte, buďme です。現在形の jsou からではなく、未来形の budou から作られていることがわかります。
jíst の3称複数形は jedí ですが、d と z が交替して jez, jezte, jezme という命令法になります。
mít は3人称複数形の mají の aj を ej ではなく ěj に替えるので、命令法は měj, mějte, mějme です。
jít と jet にはそれぞれ2種類の命令法があります。接頭辞をつけて pojď, pojďte そして pojeď, pojeďte とすると「こちらへ来なさい」という意味です。1人称複数の pojďme, pojeďme は「一緒に行きましょう」という意味になります。**例** Pojďme na pivo.「ビールを飲みに行きましょう」。
接頭辞のない jdi, jděte や jeď, jeďte という規則通りの形は「あちらへ行きなさい」という意味です。

22-6 náš と váš の変化

		男性		女性	中性
		活	不活		
単数	1, 5	náš		naše	naše
	2	našeho		naší	našeho
	3	našemu		naší	našemu
	4	našeho	náš	naši	naše
	6	našem		naší	našem
	7	naším		naší	naším
複数	1, 5	naši	naše	naše	naše
	2	našich			
	3	našim			
	4	naše		naše	naše
	6	našich			
	7	našimi			

上の表の語頭の n を v に変えれば váš の変化です。

例文5 **Našemu synovi často tekla krev z nosu.**（男性・単数・3格）

Na koncertě jsem se setkal s vaší neteří.
コンサートであなたの姪御さんに会いました。（女性・単数・7格）

To jsou naši. これはうちの人たちです。（男性・複数・1格）

⚠
- naši は次に名詞が続かない場合、自分と同じところに所属している人々を指します。家族でも、職場でも、チームでもかまいません。
- 3人称の所有代名詞のうち jeho と jejich は不変化です。次にどのような性・数・格の名詞が続こうと常に同じ形です。それに対して její は軟変化型の形容詞と同じ変化をします。**例** Zeptejte se na to jejího šéfa.「それについては彼女の上司に訊いてください」。（男性・単数・2格）

第 22 課の練習問題　解答は 229 ページ

練習 1　前置詞に合わせて適切な格に変えなさい。数は変えないこと。

1. do (studentská kolej)
2. v (lidové písně)
3. s (naše neteře)
4. v (moje postel)

練習 2　次の動詞を ty, vy, my に対する命令法にそれぞれ変えなさい。

1. číst
2. začít
3. otevřít
4. nekouřit
5. nespat
6. udělat
7. nebát se
8. pracovat

練習 3　次の会話を日本語に訳しなさい。 (Track 69)

1. – Neudělal jsem zkoušku. Řekni mi prosím, co mám dělat.
   – O prázdninách studuj každý den.

2. – Kde je Filip?
   – Je doma. Celý den leží v posteli.
   – Co se mu stalo?
   – To nevím. Zeptej se ho sám.

練習 4　次の文をチェコ語に訳しなさい。

1. 午前中に私は姪とテニスをしました。
2. この犬を怖がらないでください。
3. 路面電車（複数）は町中を走っています。
4. 僕にこの自転車を買って！
5. ノヴィー教授は民謡をたくさん知っています。
6. 以前姪は私たちのところに住んでいましたが、今は学生寮に住んでいます。
7. 私たちのおばあさんを見ましたか（1 人に対して丁寧に）。
8. 庭に向いている窓を開けてください。

- 「〜に向いている窓」は okno na + 4 によって表わします。

第 23 課

この課で学習する文

例文1 **Tahle ryba má hodně kostí.**
この魚には骨がたくさんあります。

例文2 **Ať jde Filip.** フィリップに行かせなさい。

例文3 **Je to ten počítač, o kterém jsi mluvil?**
これは君が話していたコンピューターなの？

例文4 **Ve všedních dnech pracujeme.** 私たちは平日に働きます。

例文5 — **Kdy ses vrátil?** 「いつ戻ったの？」
— **Před týdnem.** 「1週間前」

この課で覚える単語

ať 〜するように
dát se 完 V (do+2) 始める、とりかかる
　　　完・不完 V できる
dát si 完 V 飲み物や食べ物を注文する
dostat 完 II 受け取る
kdy いつ
kost 女 骨
který どの、〜というもの
noc 女 夜
od (+2) 〜から
odejít 完 I 1. sg.: -jdu 出かける、出発する
ostříhat 完 V （髪や爪を）切る
paměť 女 記憶
pomoct 完 I 1. sg.: -můžu
　　　助ける、手伝う
proč なぜ
radost 女 喜び
ryba 女 魚
spravit 完 IV 直す、修理する
špatný 悪い
věc 女 物、事、用事
všední 普通の、日常の

> - 「できる」という意味の dát se は完了体としても不完了体としても用いられます。このような動詞を両体動詞といいます。
> - od は「〜から（離れた位置にある）」という意味です。人を表わす語が続くと「〜から（離れる）」や発信者を表わします。時を表わす語も続くことがあり「〜から」あるいは「〜以来」という意味です。それに対して第14課で覚えた z は「〜（の中）から（出る）」や「出身」を表わします。
> - pomoct は不完了体 pomáhat と同様3格と結びつきます。l 分詞は pomohl, pomohla... です。
> - všední den で「平日」という意味です。

23-1 子音で終わる女性名詞の変化（2）

第22課の tramvaj や píseň と異なり、単数2格の語尾は i です。

kost「骨」

	単数		複数	
	語尾	例	語尾	例
1	なし	kost	i	kosti
2	i	kosti	í	kostí
3	i	kosti	em	kostem
4	なし	kost	i	kosti
5	i	kosti	i	kosti
6	i	kosti	ech	kostech
7	í	kostí	mi	kostmi

例文1 Tahle ryba má hodně kostí.

この変化型に属する語には他に věc「物、事」や radost「喜び」などがあります。ost で終わる抽象的な意味の名詞はこの変化をします。

To není moje věc. それは私には関係ありません（私の用事ではありません）。

Z té zprávy jsme měli velkou radost.
そのニュースを聞いて私たちはとてもうれしかった。

Stalo se to včera v noci. それはきのうの夜に起きました。

Strýc má špatnou paměť na jména. おじは名前の覚えが悪いです。

Mějme na paměti, proč se stala ta nehoda.
どうしてその事故が起きたのか覚えておきましょう。

tramvaj や píseň と共通の語尾をもつ語があるのもこの変化型の特徴です。たとえば noc「夜」の複数3格、6格、7格はそれぞれ nocím, nocích, nocemi となります。また、paměť「記憶」の複数形の変化は以下の通りで、3格、6格で tramvaj と同じ語尾もあります。

1, 5	2	3	4	6	7
paměti	pamětí	pamětím pamětem	paměti	pamětích pamětech	pamětmi paměťmi

23-2　3人称の命令形

これは聞き手を介して第3者に呼びかける表現です。接続詞の at' と動詞の現在活用（3人称）によって表わします。完了体も不完了体も使われます。

例文2　**At' jde Filip.**

At' se vrátí Honza.　ホンザに帰って来させなさい。
At' žije!　万歳！（その人が長生きしますように）

23-3　関係代名詞 který の用法

který は「どの」という意味の疑問詞です。
Kterou z těch knih si vezmete?　それらの本のうち、どれを買いますか。

関係代名詞としても用いられます。変化は硬変化型の形容詞と同じ語尾がつきます。性と数は先行詞に一致させ、格は従属文の中の形に合わせます。たとえばここに2つの文があります。

Je to ten počítač?　これはそのコンピューターなの？
O tom počítači jsi mluvil.　そのコンピューターについて君は話していました。

この2つの文で共通しているのは「コンピューター」、すなわち男性・単数です。そして、後の文の počítači という形は前置詞 o と結びつく6格です。そのため、関係代名詞 který を用いると次のようになります。

例文3　**Je to ten počítač, o kterém jsi mluvil?**

主文と従属文は必ずコンマを書いて区切ります。

Na večírku jsem se setkal se studenty, kteří se učí česky.
パーティーで私はチェコ語を学んでいる学生たちに会いました。（活動体男性・複数・1格）

Pojedeme autem, které jsem si pronajal.
私が借りた車で行きましょう。（中性・単数・4格）

Dívka, se kterou jste se setkala včera, je neteř profesora Nového.
あなたがきのう会ったお嬢さんはノヴィー教授の姪です。（女性・単数・7格）

23-4　denとtýdenの変化

den と týden は２つとも不規則な変化をする男性名詞です。

	単数	複数
1	den	dni / dny
2	dne	dní / dnů
3	dni / dnu	dnům
4	den	dni / dny
5	dni	dni / dny
6	dni / dnu	dnech
7	dnem	dny

	単数	複数
1	týden	týdny
2	týdne	týdnů
3	týdni / týdnu	týdnům
4	týden	týdny
5	týdni	týdny
6	týdni / týdnu	týdnech
7	týdnem	týdny

　これまでにも Celý den jsme hráli tenis.（第16課）や Příští týden si vezmu dovolenou.（第17課）といった例文の中に den と týden が出てきました。これらは単数４格です。チェコ語は時を示すためにさまざまな形式を用いますが、そのうちの１つが前置詞なしの４格です。

> ・den の単数６格には前置詞 v と結びつくときの ve dne「日中、昼間に」という形もあります。

例文4　**Ve všedních dnech pracujeme.**

den はさまざまなフレーズの中でも用いられます。たとえば、すでに覚えた単語を組み合わせたこんなフレーズがあります。

Dnes nemám svůj den.　今日はついていない。

týden を用いた例文も見てみましょう。

例文5　**— Kdy ses vrátil?**
　　　　— Před týdnem.

Nebyl jsem tam celé týdny.　私は何週間もそこへ行っていません。

23-5　動詞 dát の用法

　ここでは dát, dát se, dát si について、初級の段階で必要な基本的な意味を紹介します。
　dát は「与える」という完了体動詞として前の課で学びました。
　Dejte mi čas, prosím.　どうか私に時間をください。

この動詞は「入れる」とか「しまう」という意味でもよく使われます。
　Markéta dala svoje věci do batohu a odešla.
マルケータは自分の物をリュックサックに入れると出て行きました。

さらに、動詞の不定形をともなって「～させる」という意味も表わせます。
　Dali jsme syna studovat angličtinu.　私たちは息子に英語を学ばせました。

dát se は「できる」とか「始める、とりかかる」という意味です。
　Nedá se nic dělat.　どうしようもありません（何もできません）。
　Dejme se do práce.　仕事にとりかかりましょう。

さらに、「～してもらう」という意味も表わせます。
　Dala jsem se ostříhat.　私は髪を切ってもらいました。

dát si は、「飲み物や食べ物を注文する」という意味です。
　Dám si kávu.　私はコーヒーにします。

また、「～してもらう」という意味も表わせます。dát se の「～してもらう」は４格の目的語と結びつくことができませんが、dát si はできます。
　Honza si dal spravit kolo.　ホンザは自転車を直してもらいました。

　頻度の高い dát, dát se, dát si は文脈によって他にもいろいろと訳せます。

第 23 課の練習問題　解答は 230 ページ

練習 1　次の語を指定された数と格に変えなさい。

1. ta noc（単数 4 格）
2. všední den（複数 4 格）
3. dobrá paměť（単数 6 格）
4. celý týden（複数 7 格）
5. malá kost（複数 4 格）
6. velká radost（単数 7 格）

練習 2　次の文を関係代名詞 který を用いてつなげなさい。

1. Dal jsem si spravit kolo. Jezdím na něm na fakultu.
2. Tahle dívka běhá velmi rychle. Má červené šaty a nosí brýle.
3. Pronajal jsem si byt. O něm jste mluvili.
4. Proč sis nekoupil knihu? Tu knihu jsi chtěl.

練習 3　次の会話を日本語に訳しなさい。（Track 71）

— Pane Nováku, nechcete jít s námi na koncert? Bude hrát klavírista z Anglie.
— S radostí.

練習 4　次の文をチェコ語に訳しなさい。

1. 誰からそのニュースを聞いたの（受け取ったの）？
2. 以前は地下鉄で学部へ通っていましたが、今は父が買ってくれた自転車で通っています。
3. 私のおばを信じていいですよ。名前の覚えがいいですから。
4. どうしてフィリップは来なかったのか知っていますか。
5. 喜んでお手伝いいたします。
6. 今日トマーシュはついていません。
7. それは君には関係ない。放っておいてくれ！

> • pokoj は「部屋」以外に「平安」という意味もあります。「放っておいてくれ」は「私に平安を与えよ」という構文で表わすことができます。

第 24 課

この課で学習する文

例文1 **Řekl jsem to jen jednomu příteli.**
私はそれを1人の友人にだけいいました。

例文2 **Máme jednoho psa a dvě kočky.**
私たちは1匹の犬と2匹の猫を飼っています。

例文3 **Na naší univerzitě je pět fakult.**
私たちの大学には5つの学部があります。

例文4 **Kolik je ti let?** 君はいくつなの？

例文5 **Chci číst něco zajímavého.** 何かおもしろいものが読みたい。

この課で覚える単語

bratranec 男 いとこ
čtyři 4
deset 10
devět 9
divadlo 中 劇場、演劇
dva 2
jeden 1
kolik いくつ、いくら
kostel 男 教会
muž 男 男、夫

osm 8
pět 5
počítat 不完 V 数える
rok 男 年
sedm 7
synovec 男 甥
šest 6
tři 3
vnuk 男 孫
žena 女 女、妻

- jeden には「1」以外に「ある、とある」という意味もあります。
- kostel は硬変化型の不活動体男性名詞ですが、単数2格で語尾は u とならず、a となります。例 Jdu do kostela.「私は教会へ行きます」。
- muž の複数1格には muži と mužové の2種類があります。
- vnuk の複数1格には vnuci と vnukové の2種類があります。

24-1 基数詞1〜10の変化

jeden「1」

	男性		女性	中性
	活	不活		
1, 5	jeden		jedna	jedno
2	jednoho		jedné	jednoho
3	jednomu		jedné	jednomu
4	jednoho	jeden	jednu	jedno
6	jednom		jedné	jednom
7	jedním		jednou	jedním

これは、指示代名詞 ten と同じ語尾です。次に続く名詞の性と格によって以上のように変化します。数は「1」ですから、普通は単数です。

例文1 **Řekl jsem to jen jednomu příteli.**（男性・単数・3格）

次に「2」〜「4」の変化です。「2」には1格、4格、5格に性の区別があり、次に男性名詞が続くときと女性あるいは中性名詞が続くときで形が違います。「3」以上には、この区別はありません。

1, 5	dva（男）／dvě（女・中）	tři	čtyři
2	dvou	tří / třech	čtyř / čtyřech
3	dvěma	třem	čtyřem
4	dva（男）／dvě（女・中）	tři	čtyři
6	dvou	třech	čtyřech
7	dvěma	třemi	čtyřmi

2格の třech, čtyřech は口語的な形です。

Studenti sedí po třech. 学生たちが3人で横に並んで座っています。

pět「5」の変化は以下の通りです。

1, 5	2	3	4	6	7
pět	pěti	pěti	pět	pěti	pěti

6から10もpětと同じ語尾です。つまり、1格、4格、5格は同じ形で最後がtです。2格、3格、6格、7格には語尾iがつきます。devět「9」は語尾がつくと語幹のěがiと交替してdevítiとなります。deset「10」は交替するときもあればしないときもあるので、desítiもdesetiも両方認められています。

24-2 数詞と名詞の結びつき

jeden は次に続く名詞の単数形の性と格に合わせます（24-1 を参照）。

dva, tři, čtyři は名詞の複数形と結びつきます。dva と dvě だけは性に注意し、格は常に名詞と一致させます。**例** dvě divadla (1, 4, 5), dvou divadel (2), dvěma divadlům (3), dvou divadlech (6), dvěma divadly (7).

例文2 **Máme jednoho psa a dvě kočky.** （4格）

Žijeme v jednom městě. Jsou tady dva kostely, tři divadla a čtyři školy.
私たちはある町に暮らしています。ここには教会が2つ、劇場が3つ、学校が4つあります。（1格）

Zeptal jsem se tří profesorů.　私は3人の教授に質問しました。（2格）

pět 以上の数詞も名詞の複数形と結びつきます。しかし、1格、4格、5格の数詞と結びつくときの名詞は2格です。それ以外の格は数詞と名詞で一致させます。**例** pět divadel (1, 5), pěti divadel (2), pěti divadlům (3), pět divadel (4), pěti divadlech (6), pěti divadly (7).

例文3 **Na naší univerzitě je pět fakult.** （1格）

Mám sedm synovců.　私には甥が7人います。（4格）

形容詞は常に名詞の性・数・格と一致させます。

Pomohl jsem šesti novým studentům.
私は6人の新入生を手伝いました。（3格）

Četla jsem knihu o muži, který umí mluvit osmi cizími jazyky.
私は外国語が8つ話せる男の人に関する本を読みました。（7格）

⚠ ・pět 以上の数詞が1格の場合、動詞は3人称単数（中性）です。

24-3　おおよその分量を示す語の変化

これまでに学んだおおよその分量を示す語のうち、hodně と trochu は格変化しませんが、mnoho, několik は以下の通り格変化します。

1, 5	2	3	4	6	7
mnoho	mnoha	mnoha	mnoho	mnoha	mnoha
několik	několika	několika	několik	několika	několika

kolik「いくつ、いくら」も několik と同じ語尾です。名詞の格は pět 以上と同じく、分量を表わすこれらの語が1格、4格、5格ならば2格にし、それ以外の格は一致させます。

Tady pracovalo několik mužů a mnoho žen.
ここには何人かの男の人とたくさんの女の人が働いていました。（1格）

Kolika profesorů ses na to zeptal?　何人の教授にそれを訊いたの？（2格）

Řekla jsem to mnoha kamarádům.
私はそれをたくさんの友人にいいました。（3格）

Kolik pokojů máte ve svém bytě?　お住まいは何部屋ありますか。（4格）

O prázdninách jsem byla v několika městech.
休み中に私はいくつかの町へ行きました。（6格）

Setkal jsem se s mnoha japonskými studenty.
私はたくさんの日本人の学生に会いました。（7格）

第20課で述べたように、数えられない名詞であればこれらの語の後は単数形になります（ 20-2 を参照）。

Každý den piju mnoho kávy.　私は毎日コーヒーをたくさん飲みます。（4格）

24-4　年齢の表現

年齢を表わすには rok「年」を用います。例 jeden rok「1歳」、dva roky「2歳」、tři roky「3歳」、čtyři roky「4歳」。

5歳以上は、rok を規則通りの複数2格 roků として結びつける方法もありますが、let の方が多く見られます。これは rok の不規則な複数2格形です。例 pět let「5歳」、šest let「6歳」、sedm let「7歳」、osm let「8歳」、

devět let「9歳」、deset let「10歳」。

「～は…歳です」は、「～」の部分を3格にします。人称代名詞であれば文頭から2番目に、そうでなければ文頭に置きます。「…歳」は1格です。動詞は být を用います。

　Mé dceři je (jeden) rok.　私の娘は1歳です。
　Jsou mu dva roky.　彼は2歳です。
　Jsou jí tři roky.　彼女は3歳です。
　Tomu chlapci jsou čtyři roky.　その男の子は4歳です。
　Je mi pět let.　私は5歳です。
　Mému bratrovi je šest let.　私の弟は6歳です。

年齢を尋ねるには kolik を用います。

> **例文4**　**Kolik je ti let?**

答えるときは、これまで学んだように、たとえば Je mi sedm let.「私は7歳です」とします。それに加え、let を省いて Je mi sedm. といういい方もよくします。

24-5　co, něco, nic と形容詞

co, něco, nic などといった代名詞と形容詞を組み合わせるときは、代名詞の後ろに形容詞がきます。1格、4格、5格には中性単数2格が、それ以外の格は中性単数をその格に一致させます。

> **例文5**　**Chci číst něco zajímavého.**

Mluví o něčem zajímavém.
その人は何かおもしろいことについて話しています。

| 第 24 課の練習問題 | 解答は 231 ページ |

練習 1　次の語を指定された格に変えなさい。

1. šest měsíců（2格）
2. dvě motorky（6格）
3. devět bratranců（3格）
4. jedna růže（4格）
5. deset dní（2格）
6. sedm nových tužek（7格）
7. čtyři hezké dívky（4格）
8. dvě malá náměstí（6格）
9. pět velkých bank（3格）
10. mnoho vstupenek（7格）

練習 2　次の会話を日本語に訳しなさい。

― Dědečku, kolik máš vnuků?
― Kolik je ti let? Už umíš počítat?
― Umím, je mi deset.
― Tak to už asi víš, kolik máš bratranců.
― Jeden, dva, ... mám sedm bratranců.
― Sedm a jeden je osm ― mám osm vnuků.

練習 3　次の文をチェコ語に訳しなさい。

1. この大学には学部が8つあります。
2. おじいさんはよく傘を忘れます。だから家に10本持っています。
3. この町には日本料理店が何軒かあります。
4. 机の上には2冊の本と3本の鉛筆がありました。
5. 私は3人の姪の宿題を手伝いました。
6. おばあさんによろしく伝えてください。

> ・「～によろしく」は「私から～に挨拶をしてください」という構文です。

応用と実践 5

解答は 231 ページ

練習 1 次の単語を覚えましょう。

blízko (+2) ～の近くに	sem ここへ・に
bolet 不完 IV 3. pl: -í 痛い、痛む	sestřenice 女 いとこ
hlava 女 頭	smutno 悲しい
i ～も	soukromí 中 プライヴァシー
krásný 美しい	stačit 完・不完
krk 男 喉	充分ある、間にあっている
nábytek 男 家具	šachy 男複 チェス
oba 両方の	tamhle そこに、向こうに
pěšky 歩いて	záda 中複 背中
přivézt 完 I 1. sg.: -vezu	zatím 今のところ、さしあたり
（乗り物で）運びこむ	židle 女 椅子

- blízko は副詞です。例 To je blízko.「それは近くにあります」。また、2 格と結びつく前置詞としても用いられます。例 Bydlíme blízko Tokia.「私たちは東京の近くに住んでいます」。
- bolet は痛い場所を 1 格で、痛いと感じている人を 4 格にして、「～は…が痛い」と表現します。例 Bolí mě hlava.「私は頭が痛い」。ただ、krk「喉」は v + 6 格で表わします。例 Bolí tě v krku?「君は喉が痛いの」。
- nábytek は単数形しかない数えられない名詞です。
- oba は dva と同じ格変化をします。

1, 5	2	3	4	6	7
oba(男)／obě(女・中)	obou	oběma	oba(男)／obě(女・中)	obou	oběma

- stačit は、間にあうものを 1 格に、充分だと感じている人を 3 格にして表わします。例 Stačí mi sešit a tužka.「私にはノートと鉛筆で充分です」。
- smutno は、悲しいと感じる人を 3 格にし、動詞 být の 3 人称単数（中性）形と組み合わせて使います。Je mi smutno.「私は悲しい」。
- šachy は男性の複数形名詞ですが、6 格は šachách という特殊な形です。

練習 2 次の会話をチェコ語に訳しなさい。

「向こうに立っているその男の子は誰なの？」
「正志だよ。いつも重いリュックを背負っているんだけど、だからよく遅刻するんだ」
「でも、必要とするものを持っていることはいいことだよ」
「それは間違っている。僕たちが鎌倉へ遠足に行ったとき、彼はお金を家に忘れた。雨が降り出したけど、傘を持っていなかった」
「そのリュックの中には何があるんだろう。訊いてみよう」

> •「～することはいいことだ」は Je dobré + 不定形 によって表わします。例 Je dobré číst noviny každý den.「毎日新聞を読むことはいいことだ」。

練習 3 次の文章を日本語に訳しなさい。

> Kde Honza bydlel dříve a kde bydlí teď
>
> Když Honza studoval v Praze, bydlel u své tety, která měla dvě dcery. Honza byl rád, že může bydlet ve velkém a krásném bytě blízko univerzity a že může chodit na fakultu pěšky. Když měl Honza čas, pomáhal sestřenicím s domácími úkoly a hrál s nimi šachy. Obě dvě hrály dobře, ale hodně mluvily a Honzu z toho občas bolela hlava.
>
> Teď Honza pracuje ve firmě a bydlí sám v malém bytě. Přivezl si sem od tety stůl, židli, postel a nějaké své věci. To mu zatím stačí. Až bude mít dost peněz, nějaký nábytek si koupí. I když musí jezdit do práce autobusem a metrem, je rád, že má své soukromí, které vždycky chtěl. A proč Honza telefonuje každý den tetě a sestřenicím? Asi je mu smutno.

> • z + 2 格で原因を表わします。Z toho mě bolí hlava.「そのせいで私は頭痛がする」。
> • i「～も」は když と組み合わせて i když とすると「～にもかかわらず」という意味になります。例 Hráli tenis, i když pršelo.「雨にもかかわらず、彼らはテニスをしていた」。

第 25 課

この課で学習する文

例文1 **Elišce je třicet dva let.** エリシュカは 32 歳です。

例文2 **Kolik je hodin?** 何時ですか。

例文3 ― **V kolik hodin skončil koncert?**
「コンサートは何時に終わったのですか」

― **V devět večer.**
「夜の 9 時です」

例文4 **Řekla bych, že to není pravda.**
それは本当じゃないのではないかな。

例文5 **Otevřel bys okno?** 窓を開けてもらえるかな。

この課で覚える単語

by　〜であろうに、〜なのだが
člověk　男 人間、人
čtrnáct　14
čtyřicet　40
devatenáct　19
dvacet　20
dvanáct　12
hodina　女 時間
jedenáct　11
letiště　中 空港、飛行場

moře　中 海
osmnáct　18
padesát　50
parkoviště　中 駐車場
patnáct　15
sedmnáct　17
skončit　完 Ⅳ 終える、終わる
šestnáct　16
třicet　30
třináct　13

> ・člověk は特殊な変化をします。**25-5** を参照のこと。
> ・letiště と parkoviště は場所や方向を示すとき、いずれも前置詞 na と結びつきます。変化は **25-3** を参照のこと。

25-1 基数詞 11〜59

「この課で覚える単語」には、11 から 20 までとぎれなく載っています。すべて最後が t で終わっており、pět と同じく 2 格、3 格、6 格、7 格に語尾 i をつける変化です。それに続く名詞の形は 1 格（5 格）と 4 格の後には複数 2 格を、それ以外の格ではその格と同じにして合わせる点も同じです。

Filipovi je devatenáct let. フィリップは 19 歳です。（1 格）
Ten film dávají ve dvanácti kinech.
その映画は 12 の映画館で上映されています。（6 格）

21 から 29 は dvacet「20」と前の課で覚えた jedna から devět を組み合わせます。dvacet jedna, dvacet dva, dvacet tři, dvacet čtyři, dvacet pět, dvacet šest, dvacet sedm, dvacet osm, dvacet devět.

31 から 59 も同様です。この課で覚える třicet「30」、čtyřicet「40」、padesát「50」と jedna から devět を組み合わせます。

「1, 2 …」と数えるときは jedna, dvě... と女性名詞につく形です。21 以上の数詞の 1 の位は、「1」だけ jedna で「2」は男性名詞につく dva となります。「5」以上ですので、1 格（5 格）と 4 格で複数 2 格の名詞が続きます。格変化は 10 の位も 1 の位も両方で起こります。

例文1 Elišce je třicet dva let.

Ten film dávají ve dvaceti pěti kinech.
その映画は 25 の映画館で上映されています。

21 以上を表わすにはもう 1 つ方法があります。jedenadvacet, dvaadvacet, třiadvacet, čtyřiadvacet, pětadvacet... と 1 の位を先に、10 の位を後に置き間を a でつなげる方法です。これらは 1 語扱いで、2 格、3 格、6 格、7 格で最後に語尾 i をつけます。上の文の「32 歳」、「25 の映画館で」は次のようにもいいかえることができます。

Elišce je dvaatřicet let.
Ten film dávají v pětadvaceti kinech.

25-2　時間の表現（1）

時間を尋ねるときには次のようにいいます。

例文2　**Kolik je hodin?**

文字通りには hodina「時間」が kolik「いくつ」あるのかと訊いているので、hodin と複数2格形となっています。

答えはただ数詞を並べるだけで表わせます。být の形は「～時」の方だけに合わせます。

Je jedna.	1時です。	Je sedm patnáct.	7時15分です。
Jsou dvě.	2時です。	Je osm dvacet.	8時20分です。
Jsou tři.	3時です。	Je devět dvacet pět.	9時25分です。
Jsou čtyři.	4時です。	Je deset třicet.	10時30分です。
Je pět.	5時です。	Je jedenáct třicet pět.	11時35分です。
Je šest.	6時です。	Je dvanáct čtyřicet.	12時40分です。

「～時に」というときは、前置詞 v と4格を組み合わせます。

v jednu	1時に	v sedm patnáct	7時15分に
ve dvě	2時に	v osm dvacet	8時20分に
ve tři	3時に	v devět dvacet pět	9時25分に
ve čtyři	4時に	v deset třicet	10時30分に
v pět	5時	v jedenáct třicet pět	11時35分に
v šest	6時に	ve dvanáct čtyřicet	12時40分に

例文3　— **V kolik hodin skončil koncert?**
　　　　— **V devět večer.**

列車の発着時間は24時制で表わすことがあります。

Vlak odjel v osmnáct padesát tři.　列車は18時53分に出発しました。

25-3　e (ě) で終わる中性名詞の変化（1）

e (ě) で終わる中性名詞には2つの変化型があります。ここではそのうちの1つを学びます。

moře「海」、letiště「空港」

	単数		複数	
	語尾	例	語尾	例
1	e / ě	moře / letiště	e / ě	moře / letiště
2	e / ě	moře / letiště	í / なし	moří / letišť
3	i	moři / letišti	ím	mořím / letištím
4	e / ě	moře / letiště	e / ě	moře / letiště
5	e / ě	moře / letiště	e / ě	moře / letiště
6	i	moři / letišti	ích	mořích / letištích
7	em / ěm	mořem / letištěm	i	moři / letišti

　e と ě の違いは綴りの規則によるものです。軟子音字の後は e を書くのが普通ですが、t', d', ň の後には e を書けず tě, dě, ně と綴るという規則です。
　複数 2 格は、iště で終わる語には語尾 í がつかず išť とします。
　Milan jel k moři.　ミランは海へ行きました。
　V Japonsku je hodně letišť.　日本にはたくさんの空港があります。

　他に parkoviště「駐車場」などがこの変化をします。
　Na parkovišti stálo deset autobusů.　駐車場にはバスが 10 台ありました。

25-4　条件法（by の用法）

　婉曲な表現を表わす条件法は by の変化形と動詞の l 分詞を組み合わせて作ります。by は主語の人称と数に従って以下のように変化します。

	単数	複数
1 人称	bych	bychom
2 人称	bys	byste
3 人称	by	by

例文4　Řekla bych, že to není pravda.

　říct には「いう」以外に「意見を述べる」という意味もあります。l 分詞の řekla から主語は女性単数、bych から 1 人称単数だとわかります。to není pravda という自分の意見を婉曲に伝える文です。願望や要望も婉曲

に伝えられるため、chtít＋不定形や mít＋不定形がよくこの形式をとります。

    Chtěl bych se vás na něco zeptat.　質問をさせていただきたいのですが。
    Měla bys jít k lékaři.　お医者さんに行った方がいいんじゃないの。

　２人称の bys や byste を用いて疑問文の形式にして、依頼を丁寧に表わすこともできます。

> **例文5**　Otevřel bys okno?

    Mohl byste mi poradit?　アドヴァイスしていただけますか。

否定は l 分詞に ne をつけます。
    Neměl bys přijít pozdě na zkoušku.　試験に遅刻しない方がいいのだけどね。

25-5　člověk の変化

člověk は単数と複数で大きく形の異なる特殊な変化をします。

	単数	複数
1	člověk	lidé
2	člověka	lidí
3	člověku	lidem
4	člověka	lidi
5	člověče	lidé
6	člověku, člověkovi	lidech
7	člověkem	lidmi

　活動体でありながら、単数の3格には ovi という語尾はありません。また、5格の člověče は「ねえ」という間投詞として用いられます。

    To je zajímavý člověk.　これはおもしろい人です。(単数1格)
    Tomu člověku nevěřím.　私はその人を信じません。(単数3格)
    Obchod byl plný lidí.　店は人でいっぱいでした。(複数2格)

第 25 課の練習問題　解答は 232 ページ

練習 1　次の問いに指定の時間を用いてチェコ語で答えなさい。

1. Kolik je teď hodin?　11時5分
2. V kolik hodin začal ten film?　3時30分
3. Kolik bylo hodin, když přišel?　8時45分
4. V kolik hodin skončila přednáška?　6時40分

練習 2　（　）の中の語を適切な形に変えなさい。

1. Na (parkoviště) stojí několik autobusů.
2. O prázdninách si odpočinul u (moře).
3. To jsou (zajímavý člověk).
4. Zeptejme se (ten člověk).

練習 3　次の文を by を用いて婉曲な表現に変えなさい。

1. To není špatné.
2. Můžu tady kouřit?
3. Máš si vzít dovolenou.
4. Dáme si kávu.

練習 4　次の会話を日本語に訳しなさい。

－ Včera jsem byl na přednášce profesora Smetany.
－ Kolik tam bylo lidí?
－ Když přednáška začala, bylo tam asi padesát lidí, a když skončila, bylo jich tam jen třináct.

練習 5　次の会話をチェコ語に訳しなさい。

「今何時でしょうか」
「4時40分です」
「5時には家に帰っていたいのですが」
「この課題を書きあげれば、帰っていいですよ」

第 26 課

この課で学習する文

例文 1 **Přišla jako čtvrtá.** 彼女は 4 番目にやってきました。

例文 2 **— V kolik hodin ses vrátil?** 「何時に戻ってきたの？」

— **V půl páté ráno.** 「朝の 4 時半」

例文 3 **Pracuji hodně, aby syn mohl studovat na univerzitě.**
息子が大学で勉強できるように私はたくさん働いています。

例文 4 **Chci, abyste se dala do práce.**
私はあなたに仕事にとりかかっていただきたい。

例文 5 **Kdyby bylo hezké počasí, hráli bychom fotbal.**
いい天気なら私たちはサッカーをするのに。

この課で覚える単語

aby 〜するために	pátý 5番目の
čtvrtý 4番目の	prosit 不完 Ⅳ 頼む
desátý 10番目の	průvodce 男 ガイド
devátý 9番目の	první 1番目の、最初の
druhý 2番目の、他の、次の	půl 半分
dvanáctý 12番目の	sedmý 7番目の
jedenáctý 11番目の	soudce 男 裁判官
kdyby もし	šestý 6番目の
někdo 誰か	třetí 3番目の
osmý 8番目の	zdát se 不完 Ⅴ 〜のようだ、思われる

- někdo は kdo と同じ変化をします。někdo (1, 5), někoho (2), někomu (3), někoho (4), někom (6), někým (7)
- 日本語では「〜に頼む」ですが、チェコ語の prosit は「〜に」の部分が 4 格となります。「〜に…を頼む」と表わすには、「…を」の部分は o + 4 格にします。例 Filip prosil Tomáše o peníze.「フィリップはトマーシュにお金を頼んだ」。**26-3** で「〜に…するよう頼む」という構文を紹介します。
- zdát se は「〜のようだ」と感じる人を 3 格にします。例 Zdá se mi, že to není tak těžké.「私にはそれはそんなに難しくないような気がする」。3 人称単数（中性）の zdá se や zdálo se などという形しか出てきません。

第 26 課

26-1　順序数詞 1〜12

順序数詞は「〜番目の」という意味の数詞で、形容詞と同じ変化をします。první「1番目の」と třetí「3番目の」は軟変化型ですが、残りのほとんどが硬変化型の変化です。

例文1　Přišla jako čtvrtá.

druhý には「2番目の」に加えて「他の、次の」という意味もあります。
　Chtěl bych pomoct někomu druhému.　誰か他の人を手伝いたいのですが。
　Tomáš přišel až druhý den.　トマーシュは次の日になってやって来ました。

jeden druhý は「お互いに」という意味です。jeden は1格のまま性のみを変え、druhý は文の中の役割に応じて性と格を変えます。
　Ptali se jeden druhého.　彼らは互いに尋ねあっていました。（2格）
　Pomáhají jedna druhé.　彼女らは互いに助けあっています。（3格）

26-2　時間の表現（2）

ここでは「〜時半」という表現を学習します。půl「半分」の後に順序数詞の女性単数2格形を続けます。

Je půl druhé.	1時半です。	Je půl osmé.	7時半です。
Je půl třetí.	2時半です。	Je půl deváté.	8時半です。
Je půl čtvrté.	3時半です。	Je půl desáté.	9時半です。
Je půl páté.	4時半です。	Je půl jedenácté.	10時半です。
Je půl šesté.	5時半です。	Je půl dvanácté.	11時半です。
Je půl sedmé.	6時半です。	Je půl jedné.	12時半です。

いずれも実際の「〜時（半）」よりも、チェコ語の順序数詞が1つ多い数を表わす点に注意してください。たとえば、「1時半」は půl と druhé「2番目の」を組み合わせています。「12時半」には「13番目の」という順序数詞を使いません。時計が一周して元に戻るからです。では、první「1番目の」を使うのかというと、そうでもありません。基数詞 jeden の女性単数2格形と組み合わせます。

「〜時半」といういい方は 24 時制では使わないので、たとえば「14 時半」とはいいません。

「〜時半に」というときは、前置詞 v と組み合わせます。

v půl druhé	1時半に	v půl osmé	7時半に
v půl třetí	2時半に	v půl deváté	8時半に
v půl čtvrté	3時半に	v půl desáté	9時半に
v půl páté	4時半に	v půl jedenácté	10時半に
v půl šesté	5時半に	v půl dvanácté	11時半に
v půl sedmé	6時半に	v půl jedné	12時半に

前置詞 o と組み合わせても同じ意味です。例 o půl druhé「1時半に」、o půl třetí「2時半に」、o půl čtvrté「3時半に」。

> ・o も使うことができるのは、půl ＋順序数詞の場合です。基数詞を用いる「〜時に」や「〜時〜分に」というときには、前置詞は v (ve) だけです。

例文2 ― V kolik hodin ses vrátil?
　　　　 ― V půl páté ráno.

26-3　条件法（aby の用法）

aby を用いる条件法は l 分詞と組み合わせて目的を表わします。by と同じく主語の人称と数によって形を変えます。

	単数	複数
1人称	abych	abychom
2人称	abys	abyste
3人称	aby	aby

例文3　Pracuji hodně, aby syn mohl studovat na univerzitě.

aby は願望を示す動詞と用いると、「〜するように」という意味です。

例文4　Chci, abyste se dala do práce.

Potřebujeme, aby přišel Jan.　ヤンが来ることが私たちには必要です。

Teta Jana mě prosila, abych ti to řekl.
ヤナおばさんは、私がそれを君にいうように頼みました。

願いをもっている人（この場合は「私」、「私たち」、「ヤナおばさん」）と aby によって導かれる文の主語（この場合は「あなた」、「ヤン」、「私」）が必ず異なる点が、「～するように」の特徴です。

26-4 条件法（kdyby の用法）

実現しえないことを「もしも～なら」と表現するには、kdyby と l 分詞を用います。kdyby は by や aby と同じく主語の人称と数に従って次のように変化します。

	単数	複数
1人称	kdybych	kdybychom
2人称	kdybys	kdybyste
3人称	kdyby	kdyby

帰結の文は、by と l 分詞の組み合わせです。ですから、「もし～ならば～であろうに」という文は次のようになります。

例文5 **Kdyby bylo hezké počasí, hráli bychom fotbal.**

条件文の主語は počasí なので、3人称単数の kdyby と中性単数の l 分詞形 bylo を組み合わせます。帰結の文は hráli という形が活動体男性複数、bychom が 1 人称複数を示しています。

条件文の直後、つまりコンマのすぐ後に by... が置かれることはありません。by はコンマの後から数えて 2 番目に置くことになっています。

Jestli bude hezké počasí, budeme hrát fotbal. は条件法ではありません。この文は天気がよくてサッカーをする可能性があります。文頭の jestli「もし」は口語では když と置き変えることもできます。

よい天気ではないのでサッカーはしないことが明白なときは、条件法となります。主語が 2 人称複数の kdybyste, byste と組み合わせる l 分詞は現実の性と数に合わせます。

Co byste dělal, kdybyste nerozuměl přednášce?
もし講義がわからないのなら、どうしますか。

この課の 例文4 Chci, abyste se dala do práce. からもわかるように、abyste と組み合わせる *l* 分詞も同様に現実の性と数に合わせます。

se や si を伴う動詞は、2 人称単数が主語のとき、by ses, by sis, aby ses, aby sis, kdyby ses, kdyby sis となります。例 Kdyby ses vrátil včas, mohl bys ho vidět.「もし君が時間どおりに帰ってきたら、彼と会えたのに」。

kdyby などが必ず文頭に来るとは限りません。

Byl bych rád, kdybys přišel. 来てくれるとうれしいのだけど。

26-5　e で終わる男性名詞の変化

この変化には必ず男の人を表わす語が属します。したがって活動体です。soudce「裁判官」

	単数		複数	
	語尾	例	語尾	例
1	e	soudce	i / ové	soudci / soudcové
2	e	soudce	ů	soudců
3	i / ovi	soudci / soudcovi	ům	soudcům
4	e	soudce	e	soudce
5	e	soudce	i / ové	soudci / soudcové
6	i / ovi	soudci / soudcovi	ích	soudcích
7	em	soudcem	i	soudci

単数 3 格と 6 格は i の方が ovi よりも多く見られます。複数 1 格は語尾 i よりも ové の方が古い形です。このような変化をする語には他に průvodce「ガイド」などがあります。ただし、průvodce の複数 1 格の語尾は i しかありません。

O prázdninách jsem pracoval jako průvodce.
休暇中私はガイドとして働きました。（単数 1 格）

Zdá se, že se ten student chce stát soudcem.
その学生は裁判官になりたいようです。（単数 7 格）

練習 1 （　）の中の文を、aby を用いて前の文とつなげなさい。

1. Chceme, (dcera klidně spí).
2. Pojď sem, (vidím tě dobře).
3. Studuji hodně, (stanu se lékařem).
4. Potřebuji, (nezapomenete na nic).

練習 2 次の文を kdyby を用いた条件法に書き変えなさい。

1. Jestli mají dost peněz, cestují po celém světě.
2. Jestli neprší, půjdeme na procházku.
3. Jestli nemáte svůj byt, nemůžete mít soukromí.
4. Jestli se budeš hodně učit, přijmou tě na univerzitu.

練習 3 次の会話を日本語に訳しなさい。

1. － Kde je náš průvodce?
   － Tamhle, je to ten pán, který stojí před divadlem a kouří.
   － Řekl, v kolik hodin pojedeme do hotelu?
   － V půl šesté.

2. － Co bys dělal, kdybys měl hodně peněz?
   － Cestoval bych po celém světě. A co bys dělala ty?
   － Já bych si koupila dům s krásnou zahradou.

練習 4 次の会話をチェコ語に訳しなさい。

「マルケータ、今夜時間ある？僕たちと映画に行きたくない？」
「そうしたいのだけど、夜は働かなければならないの」
「どうして？何か買いたいの？」
「いいえ。働いているのは大学で勉強できるようによ。今何時？」
「4時半」
「もう行かなきゃ。じゃあね」

第 27 課

この課で学習する文

例文1 **Učíme se nová slova z dvacáté sedmé lekce.**
私たちは第 27 課の新しい単語を学んでいます。

例文2 **V únoru jsme měli hodně zkoušek.**
2 月にたくさんの試験がありました。

例文3 **Kolikátého je dnes?** 今日は何月何日ですか。

例文4 **Ta nehoda se stala šestnáctého dubna.**
その事故は 4 月 16 日に起きました。

例文5 **Učitel dostal dopis od všech studentů.**
先生はすべての学生から手紙を受け取りました。

この課で覚える単語

březen	男 3月	leden	男 1月
červen	男 6月	lekce	女 課、レッスン
červenec	男 7月	listopad	男 11月
dítě	中 子ども	prosinec	男 12月
duben	男 4月	říjen	男 10月
dvacátý	20番目の	srpen	男 8月
kolikátý	何番目の	třicátý	30番目の
kotě	中 子猫	únor	男 2月
kuře	中 ひなどり	všechen	すべての
květen	男 5月	září	中 9月

- 月の名称のうち září「9月」以外はすべて男性名詞です。そのうち、軟子音で終わる červenec「7月」と prosinec「12月」は stroj と同じ変化をします。後ろから 2 番目の e は出没母音で、語尾がつくと消えます。「9月」、「7月」、「12月」以外はすべて硬子音で終わっています。listopad「11月」だけは単数 2 格で規則通りの u がつきますが、それ以外の en で終わる月はすべて単数 2 格の語尾が a です。さらに、後ろから 2 番目の e は語尾がつくと消えます。

第 27 課

27-1 順序数詞 13〜39

「13番目の」から「19番目の」は簡単です。基数詞に語尾 ý をつけるだけだからです。前の課で学んだ jedenáctý と dvanáctý もすでにこの形でした。třináctý, čtrnáctý, patnáctý, šestnáctý, sedmnáctý, osmnáctý, devatenáctý. そのため、třináctý から devatenáctý は「この課で覚える単語」に挙げられていません。ただ、巻末の語彙表には入っています。

「20番目の」は dvacátý です。「21番目の」は dvacátý první になります。10 の位も 1 の位もそれぞれ順序数詞にします。「22番目の」からは dvacátý druhý, dvacátý třetí, dvacátý čtvrtý... です。したがって、名詞の性・数・格にそれぞれが形を合わせます。

例文1 Učíme se nová slova z dvacáté sedmé lekce.

「30番目の」は třicátý です。この順序数詞と「1番目の」〜「9番目の」を組み合わせると、「31番目の」から「39番目の」までいえます。třicátý první, třicátý druhý, třicátý třetí...

基数詞には 1 の位を先に、10 の位を後にして a でつなげる方法もありました。順序数詞にも jedenadvacátý, dvaadvacátý, třiadvacátý... という表わし方もあります。この方法だと最後の部分しか形を変えません。

Učíme se nová slova ze sedmadvacáté lekce.

27-2 「〜月に」の表現

「〜月に」は前置詞 v と月の名称の 6 格を組み合わせます。

v lednu	1月に	v červenci	7月に
v únoru	2月に	v srpnu	8月に
v březnu	3月に	v září	9月に
v dubnu	4月に	v říjnu	10月に
v květnu	5月に	v listopadu	11月に
v červnu	6月に	v prosinci	12月に

例文2 V únoru jsme měli hodně zkoušek.

27-3　日付の表現

日付を尋ねるときには次のようにいいます。

例文3　**Kolikátého je dnes?**

この質問に対する答えは、Dnes je の後に順序数詞の男性単数2格によって日を表わし、さらに月の名称の2格を続けます。

Dnes je druhého ledna.　今日は1月2日です。
Dnes je pátého února.　今日は2月5日です。
Dnes je osmého března.　今日は3月8日です。
Dnes je jedenáctého dubna.　今日は4月11日です。
Dnes je čtrnáctého května.　今日は5月14日です。
Dnes je sedmnáctého června.　今日は6月17日です。
Dnes je dvacátého července.　今日は7月20日です。
Dnes je dvacátého třetího srpna.　今日は8月23日です。
Dnes je dvacátého šestého září.　今日は9月26日です。
Dnes je třicátého října.　今日は10月30日です。
Dnes je prvního listopadu.　今日は11月1日です。
Dnes je pátého prosince.　今日は12月5日です。

27-1 で述べたように、2桁の順序数詞は1の位を先に、10の位を後にしてaでつなげることもできます。そのため、上の例文のうち、「8月23日」と「9月26日」は次のように表わすこともできます。

Dnes je třiadvacátého srpna.
Dnes je šestadvacátého září.

「きのうは」なら、Včera bylo... と být を中性単数3人称の過去形にします。「明日は」は、Zítra bude... と単数3人称の未来形にします。

být 以外の動詞と組み合わせて「〜月〜日に」というときも、2格にします。

例文4　**Ta nehoda se stala šestnáctého dubna.**

27-4　všechen の変化

všechen は後に続く名詞の性・数・格に合わせて以下のように変化します。

		男性		女性	中性
		活	不活		
単数	1, 5	všechen	všechen	všechna	všechno
	2	všeho	všeho	vší	všeho
	3	všemu	všemu	vší	všemu
	4	všeho	všechen	všechnu	všechno
	6	všem	všem	vší	všem
	7	vším	vším	vší	vším
複数	1, 5	všichni	všechny	všechny	všechna
	2	všech			
	3	všem			
	4	všechny	všechny	všechny	všechna
	6	všech			
	7	všemi			

例文5　**Učitel dostal dopis od všech studentů.**（複数2格）

Telefonoval jsem všem kolegům.　私は同僚全員に電話しました。（複数3格）
Všechny knihy jsem dala na stůl.
　私はすべての本を机の上に置きました。（女性・複数・4格）
Umíš psát všemi deseti?
　キーを見ないで打てるの（指を10本全部使って書けるの）？（複数7格）

中性単数1格（5格）、4格の všechno と活動体男性複数1格の všichni は、後に名詞を伴わずにそれぞれ「全部」、「全員」という意味で用いることがあります。

　To je všechno.　これで全部です。
　Všichni už přišli.　みんなもう来ました。

27-5 e (ě)で終わる中性名詞の変化（2）

第25課で学んだmořeやletištěと異なり、語幹が拡大するのが特徴です。
kuře「ひなどり」、kotě「子猫」

	単数		複数	
	語尾	例	語尾	例
1	e / ě	kuře / kotě	ata	kuřata / kot'ata
2	ete / ěte	kuřete / kotěte	at	kuřat / kot'at
3	eti / ěti	kuřeti / kotěti	atům	kuřatům / kot'atům
4	e / ě	kuře / kotě	ata	kuřata / kot'ata
5	e / ě	kuře / kotě	ata	kuřata / kot'ata
6	eti / ěti	kuřeti / kotěti	atech	kuřatech / kot'atech
7	etem / ětem	kuřetem / kotětem	aty	kuřaty / kot'aty

　t', d', ň の後にはeを書けず、tě, dě, něと書く綴りの規則は何度か紹介しました。しかし、a は書けるので、kotě の複数1格は kot'ata とします。

Včera k nám přišla kočka se dvěma kot'aty.
昨日うちへ猫が2匹の子猫をつれてやって来ました。

　このような変化型には動物や人の子どもを意味する語が多く属します。しかし dítě「子ども」には注意が必要です。単数形は上の表の通りの中性名詞です。ところが、複数形は děti となり、女性名詞として扱います。このときの語尾は kost の複数形と同じです。

	1	2	3	4	5	6	7
単数	dítě	dítěte	dítěti	dítě	dítě	dítěti	dítětem
複数	děti	dětí	dětem	děti	děti	dětech	dětmi

Bylo to malé dítě.　それは小さな子どもでした。（単数1格）
Byly to malé děti.　それは小さな子どもたちでした。（複数1格）

第 27 課の練習問題　解答は 233 ページ

練習 1　（　）の中の語を適切な形に変えなさい。

1. Naše (dítě) jsou teď doma.
2. Jsem spokojený se (všechen) studenty.
3. Babička vaří dvě (kuře).
4. Na dvoře běhá několik (kotě).
5. Četla jsem o (všechen) památkách, které jsou v tomto městě.
6. Vidím tam hodně (dítě), které čekají na autobus.

練習 2　（　）の中の日付をチェコ語で綴って、文を完結させなさい。

1. Filip jel do Českého Krumlova（9月15日）.
2. Dala jsem se ostříhat（11月26日）.
3. Eliška od něho dostala dopis（5月30日）.
4. （7月24日）jsem si pronajal tohle auto.

練習 3　次の会話を日本語に訳しなさい。

― Co budeš dělat o prázdninách?
― V červenci musím napsat dva referáty a asi budu pracovat.
― A co v srpnu?
― Ještě nevím.
― Nechceš jet se mnou do Brna? Bydlí tam můj synovec a já za ním pojedu asi devatenáctého nebo dvacátého.
― Moc ráda.

> ・jít や jet などと組み合わせた za + 7 格は「～のところへ」を表わします。そのため jet za ním は「彼を訪問する」という意味です。

練習 4　次の文をチェコ語に訳しなさい。

きのう私は子猫（複数）をもらいました。両方とも黒くてミルクをたくさん飲みます。私は彼らと遊びたいのですが、寝てばかりいます。

> ・「遊ぶ」は hrát si を使います。

第 28 課

この課で学習する文

例文1
— **Kolik to stojí?** 「これはいくらですか」
— **Stojí to sto osmdesát pět korun.** 「185 コルナです」

例文2 **To se stalo roku devatenáct set šedesát osm.**
To se stalo v roce devatenáct set šedesát osm.
それは 1968 年に起きました。

例文3 **Povezu dceru do školy.** 私は娘を学校へ乗せていきます。

例文4 **Každý den vozím děti do školy a ze školy.**
毎日私は子どもたちを車で学校へ送り迎えしています。

例文5 **Je dobře slyšet píseň ze dvora.** 中庭から歌声がよく聞こえます。

この課で覚える単語

běžet 不完 Ⅳ *3. pl.*: -í 走る
centrum 中 中心、中心地
cesta 女 道、旅行
devadesát 90
konat 不完 Ⅴ おこなう
koruna 女 コルナ
létat 不完 Ⅴ 飛ぶ、飛びまわる
muzeum 中 博物館
odpovědět 完 不規則 答える
osmdesát 80
sedmdesát 70
stipendium 中 奨学金
sto 100
šedesát 60
tisíc 1000
vést 不完 Ⅰ *1. sg.*: vedu 連れていく、導く
vézt 不完 Ⅰ *1. sg.*: vezu （乗り物で）運ぶ
vodit 不完 Ⅳ （何度も）連れていく、導く
vozit 不完 Ⅳ （乗り物で何度も）運ぶ
výstava 女 展覧会、展示会

- konat は催し物などを「おこなう」という意味です。se を伴うと「おこなわれる」になります。
- koruna はチェコの通貨単位です。値段はすでに学習した stát を使って表わします。例 Stojí to padesát korun.「それは 50 コルナです」。この数詞は 4 格です。ほとんどの場合、1 格と 4 格は同じ形なので問題ありませんが、「それは 1 コルナです」は、Stojí to (jednu) korunu. です。コルナの下には haléř「ハレーシュ」があり、1 コルナ＝100 ハレーシュです。
- odpovědět は第 13 課で学習した vědět と同様に odpovím, odpovíš, ... と活用します。「～に答える」というとき、人を表わす語は 3 格で、物を表わす語は na ＋ 4 格で表わします。例 odpovědět studentovi「学生に答える」、odpovědět na dopis「手紙に答える（返信する）」。

28-1 基数詞 60〜1000

　2 桁の基数詞の表わし方は 21 から 59 までと変わりません（**25-1**を参照）。ですから、šedesát「60」、sedmdesát「70」、osmdesát「80」、devadesát「90」と jedna から devět までを組み合わせます。あるいは 1 の位を先に置いて、後にこれらの数詞を後に置き間を a でつなげます。

Milan musel odpovědět na sedmdesát pět dopisů.
ミランは 75 通の手紙に返事を書かなくてはなりませんでした。

　「100」は sto です。これは o で終わる中性名詞と同じ変化をします。sto の後にこれまでに学習した「1」〜「99」までの基数詞を並べれば、「101」から「199」までいえます。

例文 1 — Kolik to stojí?
　　　　— Stojí to sto osmdesát pět korun.

　「200」は dvě stě です。stě は sto の特殊な変化形です。ここからは 1 格（5 格）とこの形に等しい 4 格だけ紹介します。「300」は tři sta、「400」は čtyři sta です。これらの数詞の後に「1」から「99」までの基数詞を並べると「201」から「499」まで表わせます。

Vstupenka stojí dvě stě dvacet korun.　入場券は 220 コルナです。
Jeden rok má tři sta šedesát pět dní.　1 年は 365 日です。

　「500」以上は基数詞 pět, šest, sedm, osm, devět と sto の複数 2 格 set を組み合わせます。pět set, šest set, sedm set, osm set, devět set. これまでと同じく、これらの数詞の後に「1」から「99」までの基数詞を続けると「501」から「999」まで表わせます。

Tahle taška stojí devět set devadesát devět korun.
このバッグは 999 コルナします。

　「1000」は tisíc といいます。この後にこれまでに学習した「1」から「999」までの基数詞を続けると、「1001」から「1999」まで表わせます。

Tenhle slovník stál tisíc dvě stě padesát pět korun.
この辞書は 1255 コルナしました。

28-2　年号の表現

「〜年に」というときは、rok の単数2格の roku もしくは前置詞 v ＋ 6 格の v roce を用います（単数6格は roce という特殊な形です）。この roku あるいは v roce の後に基数詞を続けます。基数詞の形は1格のままです。ただ、roku の方は歴史的な大事件があったときなどに用いられ、周りで起きた個人的なことがらであれば、v roce を使います。

roku osm set šedesát tři / v roce osm set šedesát tři　863年に

たとえば「1968年に」というとき、tisíc を用いて tisíc devět set šedesát osm といえます。さらに、前半と後半で分けて、devatenáct set šedesát osm という方法もよく用いられます。100が19個といってから、68を続けます。

例文2　To se stalo roku devatenáct set šedesát osm.
　　　　　To se stalo v roce devatenáct set šedesát osm.

しかし、2000年代に入ると100が20個という方法は使えず、tisíc を用います。「2000」は dva tisíce です。

V roce dva tisíce deset přijali syna na univerzitu.
2010年に息子は大学に合格しました。

28-3　移動の動詞

不完了体動詞の中には、1つの場所から別の場所へ動くことを表わす「移動の動詞」というグループがあります。これはさらに2つに分けられます。目的地へ向かって一定の方向へ動く定動詞と、目的地をもたずに動き回る、あるいは目的地へ向かう動きを繰り返す不定動詞です。すでに学習した語の中にも、移動の動詞がありました。たとえば、jít は定動詞です。

Teta jde do parku.　おばさんは公園へ行きます。

この文は、公園に向かって歩いている最中であることを表わしています。それに対して同じ徒歩で移動する動きでも、不定動詞は chodit です。

Teta chodí v parku.　おばさんは公園を歩いています。
Teta chodí do parku.　おばさんは公園へ通います。

移動の動詞の主なものを以下に挙げます。

定動詞	不定動詞	主な意味
jít	chodit	歩いて行く
jet	jezdit	乗り物に乗って行く
nést	nosit	歩いて運ぶ
vézt	vozit	乗り物で運ぶ
vést	vodit	導く、連れて行く
běžet	běhat	走る
letět	létat	飛ぶ

定動詞の未来は、不完了体でありながら budu, budeš... と不定形という形式ではなく、接頭辞をつけます。jít には pů を、その他の定動詞には po をつけます（ 18-5 を参照）。この課で学習する単語を中心に例文を挙げます。

例文3 Povezu dceru do školy.

例文4 Každý den vozím děti do školy a ze školy.

Kam vede tahle cesta?
この道はどこへ続いているのだろう（導いているのだろう）。

Babička vodí vnuka každé ráno do školy.
おばあさんは孫を毎朝学校へ連れて行きます。

Markéta běžela na autobus. マルケータはバスに向かって走っていました。
Filip běhá v parku. フィリップは公園の中でジョギングしています。
Příští týden poletím do Prahy. 来週私はプラハへ飛行機で行きます。
Každý měsíc létám do Prahy. 毎月私はプラハへ飛行機で行きます。

28-4　je＋知覚動詞の不定形

動詞 být の3人称単数（中性）と slyšet, vidět など知覚を表わす動詞の不定形を組み合わせると可能を表わします。být の否定形と組み合わせれば不可能を表わします。1格による主語がないこのような文は一般性が出ます。

例文5 Je dobře slyšet píseň ze dvora.

Chlapci běželi rychle a už je nebylo vidět.
少年たちは速く駆け、もう見えなくなりました。

28-5 umで終わる中性名詞の変化

最後が子音の m で終わっているにもかかわらず、男性名詞ではなく中性名詞に分類される語があります。um で終わる外来語です。

centrum「中心」、muzeum「博物館」

	単数		複数	
	語尾	例	語尾	例
1	um	centrum / muzeum	a	centra / muzea
2	a	centra / muzea	なし / í	center / muzeí
3	u	centru / muzeu	ům / ím	centrům / muzeím
4	um	centrum / muzeum	a	centra / muzea
5	um	centrum / muzeum	a	centra / muzea
6	u	centru / muzeu	ech / ích	centrech / muzeích
7	em	centrem / muzeem	y / i	centry / muzei

um を取り去ってから、語尾をつけ替えるところが特徴です。centrum と muzeum は単数形ではまったく同じ語尾ですが、複数形は1格（5格）と4格以外は異なります。centrum は město の複数形と同じ語尾がつくのに対して、muzeum は moře の複数形と同じ語尾がつきます。centrum の複数2格は出没母音の e が現われます。

複数2格、3格、6格、7格で moře と同じ語尾となるのは、eum あるいは ium で終わる語です。このような変化をする語には他に stipendium「奨学金」などがあります。

Tenhle autobus jede do centra. このバスは中心地へ行きます。（単数2格）
Bez stipendia bych v Tokiu nemohla studovat.
奨学金がなければ私は東京で勉強できなかったでしょう。（単数2格）
Pracujeme v centru města. 私たちは町の中心で働いています。（単数6格）
V tomhle muzeu se koná zajímavá výstava.
この博物館ではおもしろい展覧会が開催されています。（単数6格）
V tomhle městě je mnoho muzeí.
この町にはたくさんの博物館があります。（複数2格）

練習 1　（　）の中の数字をチェコ語で綴りなさい。

1. Našemu dědečkovi je (82) let.
2. Náměstí bylo plné lidí. Bylo jich tam asi (1500).
3. Včera přišlo na výstavu (1875) lidí.
4. V roce (1972) jel strýc do Anglie.
5. V roce (2005) jsem začal studovat.

練習 2　（　）の中から定動詞、不定動詞のうちどちらかふさわしい方を選び、適切な形に変えなさい。

1. Pes (běžet – běhat) po dvoře.
2. Zítra Filip (jít – chodit) do knihovny.
3. Číšník mi (nést – nosit) pivo.
4. Karel (jít – chodit) do školy každý den.
5. Letadlo teď (letět – létat) nad městem.

練習 3　次の会話と文を日本語に訳しなさい。

1. ― Promiňte prosím, kolik stojí tahle černá taška?
   ― Tisíc dvě stě osmdesát devět korun.
   ― Není tak drahá a je hezká. Vezmu si ji.
2. Bydlím v centru velkého města. Koná se tady hodně koncertů a výstav. Jsem ráda, že můžu chodit na různá místa pěšky. I do práce chodím každý den pěšky.

練習 4　次の文をチェコ語に訳しなさい。

1976年におじはイギリスへ出て行きました。そこで勉強しましたし、今は働いています。ときどき彼に電話しますが、もう長いこと会っていません。

⚠ ・「会う」は vidět を使います。

応用と実践 6

解答は 234 ページ

練習 1 次の単語を覚えましょう。

brzy すぐに、たちまち	předem 前もって、あらかじめ
čtvrt 女 4分の1、15分	překvapit 完 IV 驚かす
čtvrtek 男 木曜日	přesto それにもかかわらず
hospoda 女 パブ、居酒屋	sobota 女 土曜日
chvíle 女 一瞬、瞬間	spolu 一緒に
mapa 女 地図	středa 女 水曜日
neděle 女 日曜日	ukázat 完 I *1. sg.*: ukážu 見せる、示す
otázka 女 質問	úterý 中 火曜日
pátek 男 金曜日	vadit 不完 IV 邪魔だ、さしさわりがある
pondělí 中 月曜日	volno 中 休日、非番

> - 上には曜日がすべて挙げられています。男性名詞の čtvrtek と pátek の最後から2番目の e は出没母音です。pátek の単数2格は規則通りの pátku ですが、čtvrtek には語尾 a がついて čtvrtka となります。úterý は náměstí などと同じ変化をする中性名詞です。
> - 「～曜日に」という表現は v + 4格で表わします。středa と čtvrtek には ve としてつなげます。**例** ve středu, ve čtvrtek.
> - 「今日は何曜日ですか」は Co je dnes za den? といいます。co za + 4格で「どのような」という意味です。
> - chvíle を前置詞 za と組み合わせて4格にした za chvíli は「あっという間に、すぐに」という意味を表わします。za は4格と組み合わせると「～の後ろへ」と方向を表わしたり、「～後に」と時間を表わすことができます。chvíle の複数2格は語尾がゼロとなり、chvil です（20-6 を参照）。
> - vadit はさしさわりのあるものや事柄を1格に、さしつかえると感じる人を3格にして表わします。**例** To mi nevadí.「かまいません」。あるいは、kdyžによって導かれる従属文と組み合わされます。**例** Bude vám vadit, když otevřu okna?「窓を開けてもいいでしょうか（さしさわりがありますか）」

練習 2 次の会話をチェコ語に訳しなさい。

「今日は何曜日？」
「火曜日だよ」
「土曜までまだ長い（遠い）ね。もし今日が土曜日なら１日中寝ているのに」。
「そう、その通りだね。きのうも今日も忙しかった。夜、家についたら今日は何もしないで寝ることにするよ」

練習 3 次の文章を日本語に訳しなさい。

> Karel a Masaši
>
> Když jsem se v pondělí večer vrátil domů, seděl přede dveřmi můj japonský kamarád Masaši. Neviděl jsem ho už asi rok. Řekl mi, že mě chtěl překvapit, a proto mi nic předem neřekl. Měl jsem hodně otázek, ale Masaši byl unavený a za chvíli šel spát.
>
> V úterý, ve středu a ve čtvrtek jsem neměl dost času, abych svému kamarádovi ukázal Prahu. Kdybych věděl, že přijede, vzal bych si volno. Masašimu to ale nevadilo, měl mapu a chodil po městě sám.
>
> V pátek večer jsme spolu šli na pivo. Bylo velmi zajímavé, že uměl česky jen „ahoj," a přesto měl brzy v hospodě několik kamarádů.
>
> V sobotu ráno ve čtvrt na šest odjel Masaši na letiště. A dnes v neděli jsem doma a celý den na něho myslím. Doufám, že se mu Praha moc líbila.

> • čtvrt は１時間の４分の１、つまり15分を表わすことがあります。na ＋ ４格と組み合わせます。**例** čtvrt na dvě「１時15分」。２時に向かって４分の１時間進んだところを表わしています。同様に、čtvrt na tři「２時15分」、čtvrt na čtyři「３時15分」、čtvrt na pět「４時15分」、čtvrt na šest「５時15分」、čtvrt na sedm「６時15分」、čtvrt na osm「７時15分」、čtvrt na devět「８時15分」、čtvrt na deset「９時15分」、čtvrt na jedenáct「10時15分」、čtvrt na dvanáct「11時15分」、čtvrt na jednu「12時15分」。čtvrt を tři čtvrtě に替えると、「～時45分」といえます。

第 29 課

この課で学習する文

例文1 Otec je o šest let starší než matka.
父は母より6歳年上です。

例文2 Babička přišla o třicet minut později než vnučka.
おばあさんは孫娘より30分遅れてやってきました。

例文3 Tokio je největší město v Japonsku.
東京は日本で一番大きい町です。

例文4 Karel mluví anglicky nejlépe z těch pěti studentů.
カレルはそれら5人の学生のうち一番英語を上手に話します。

例文5 Ráda poslouchám hudbu v rádiu, raději chodím na koncert a nejraději sama zpívám.
私はラジオで音楽を聞くことが好きで、それよりもコンサートへ行く方が好きです。そして一番好きなのは自分で歌うことです。

この課で覚える単語

blízký 近い
daleko 遠くに
dlouhý 長い
fungovat 不完 Ⅲ 機能する
chytrý 利口な、頭のいい
krátký 短い
matka 女 母
minuta 女 分
než ～より
odjíždět 不完 Ⅳ 3. pl.: -ějí / -í
　　　　（乗り物で）出発する
přicházet 不完 Ⅳ 3. pl.: -ějí / -í
　　　　（歩いて）来る、到着する

přijíždět 不完 Ⅳ 3. pl.: -ějí / -í
　　　　（乗り物で）来る、到着する
řeka 女 川
schod 男 階段
veselý 陽気な、楽しい
vnučka 女 孫娘
vyjít 完 Ⅰ 1. sg.: -jdu
　　　　（歩いて）出る、上る
vysoký 高い
výtah 男 エレベーター
zpívat 不完 Ⅴ 歌う

> - odjíždět, přijíždět は乗り物に乗って移動するだけではなく、乗り物自体の動きも表わします。
> - schod は階段の1段を表わします。そのため、複数形の schody がよく用いられます。

第 29 課

29-1　形容詞の比較級と最上級

形容詞の比較級には3種類の形があります。
(1) 原級の ý もしくは í を取り去ってから ější をつける形。これは3つのうちもっとも多い形です。例 nový → novější, moderní → modernější.
　　正書法の規則により、ě を書けないときには ejší となります。
　　例 veselý → veselejší.
　　直前の子音が変わることがあります。たとえば、r は ř に変わった後、ější がつきます。例 chytrý → chytřejší.
(2) 原級の ý を取り去ってから ší をつける形。2番目に多い形です。
　　例 mladý → mladší, starý → starší.
　　最後が ký で終わる形容詞は ký を取り去ってから ší をつけます。
　　例 těžký → těžší.
　　語幹の長母音は短くなります。例 krátký → kratší.
　　直前の子音が変わることがあります。たとえば、ch は š に、h は ž に、s は š に、z は ž に変わります。例 tichý → tišší, drahý → dražší, vysoký → vyšší (oký を取り去ってから ší をつけます), blízký → bližší.
(3) 原級の ký を取り去ってから čí をつける形。これがもっとも少ない形です。語幹の母音が短母音1つでしかも ký で終わる形容詞がこのような比較級となります。例 hezký → hezčí.
　　これら3つの方法に加えて不規則な比較級があります。頻度の高い形容詞に限って不規則です。例 dlouhý → delší, dobrý → lepší, malý → menší, špatný → horší, velký → větší.
　　最上級はあらゆる比較級に nej を前につけるだけです。例 nový → nejnovější, chytrý → nejchytřejší, mladý → nejmladší, drahý → nejdražší, hezký → nejhezčí, dobrý → nejlepší.
　　比較級・最上級はすべて軟変化型の形容詞として次に続く名詞の性・数・格に従って格変化します。

　　⚠️　・巻末の語彙集では「比：」として見出し語の後に ší と čí となる比較級を載せ、不規則の比較級のみ独立した見出し語としてあります。 29-2 の副詞についても同様です。

29-2　副詞の比較級と最上級

　副詞の比較級は原級の最後の o や ě などの母音を取り去ってから ěji をつけます。**例** často → častěji, klidně → klidněji, pozdě → později.

　正書法の規則により ě を書けないときは eji となります。**例** pomalu → pomaleji, rychle → rychleji.

　最後が ko, eko, oko で終わる副詞の中には、この ko, eko, oko を取り去ってから e をつけて比較級とするものがあります。ただ e がつくだけではなく、母音や子音が変わるのが特徴です。**例** blízko → blíže, daleko → dále. この dále は「より遠くに」という意味に加えて「どうぞ（お入りください）」という意味でもよく使われます。ノックに応えて部屋の中にいる人がいうフレーズです。

　副詞の比較級にも不規則なものがあります。斜線の後の ě あるいは e のない形は口語で用いられます。**例** dlouho → déle / dýl, dobře → lépe / líp, málo → méně / míň, mnoho → více / víc, špatně → hůře / hůř.

　最上級はこのようにして作られた比較級の前に nej をつけるだけです。**例** často → nejčastěji, pomalu → nejpomaleji, blízko → nejblíže, dlouho → nejdéle / nejdýl.

29-3　比較級・最上級を用いた文

　2つあるいは2人を比べてみて、差があるときには比較級を用います。差の分量は前置詞 o ＋4格で表わし、比較の対象は než の後に続けます。

例文1　Otec je o šest let starší než matka.

例文2　Babička přišla o třicet minut později než vnučka.

　比較したときの差は mnoho や trochu を用いても表わせます。この場合も前置詞 o と組み合わせます。

Moje tužka je o mnoho kratší než tvoje.
　私の鉛筆は君のよりずっと短いです。

Dnes jsem spala o trochu déle než včera.
　今日は昨日よりも少し長く寝ました。

3つ以上あるいは3人以上で比べてみて、ある性質を一番もっているものには最上級を使います。

例文3 Tokio je největší město v Japonsku.

比べる範囲は v + 6 格だけではなく、na + 6 格、z + 2 格もあります。v と na は「～で」という場所を表わす表現です。z は「～のうち」という意味になります。

Která řeka je nejdelší na světě?　世界で一番長い川はどれですか。

例文4 Karel mluví anglicky nejlépe z těch pěti studentů.

29-4　rádの比較級と最上級

rád は次に続く名詞に合わせて格変化をすることのない形容詞です。形容詞であるにかかわらず、比較級、最上級は副詞のように raději, nejraději となります。

例文5 Ráda poslouchám hudbu v rádiu, raději chodím na koncert a nejraději sama zpívám.

raději に加えて radši, nejraději に加えて nejradši という形もあります。一見、形容詞の ší のつく比較級、最上級のようですが、最後は短い i という特殊な形です。

29-5　接頭辞と移動の動詞

移動の動詞には、接頭辞によってさまざまなニュアンスが加わります。たとえば při という接頭辞には「向こうからこちらへ」というニュアンスがあります。ですから、すでに学習したように přijet「(乗り物で) 来る、到着する」、přijít「(歩いて) 来る、到着する」、přivézt「(乗り物で) 運びこむ」という意味なのです。

これらはすべて完了体動詞です。定動詞に接頭辞がつくと完了体になるからです。běžet 以外は形を変えません。不定動詞に同じ接頭辞がつくと対応の不完了体ができますが、そのほとんどで少し形が変わります。

28-3 で挙げた主な移動の動詞に při をつけてみます。すでに覚えた意味に「向こうからこちらへ」というニュアンスを加えてみてください。

定動詞	不定動詞	完了体	不完了体
jít	chodit	přijít	přicházet
jet	jezdit	přijet	přijíždět
nést	nosit	přinést	přinášet
vézt	vozit	přivézt	přivážet
vést	vodit	přivést	přivádět
běžet	běhat	přiběhnout	přibíhat
letět	létat	přiletět	přilétat

Přichází k nám profesor. 先生がこちらにやってきます。
Přijíždí náš vlak. 私たちが乗る列車がやってきます。

接頭辞 od のつく移動の動詞も odjet と odejít だけ、すでに学習しました。接頭辞が子音で終わっていると、jít の直前に e が入ります。この od は「〜（の表面）から」というニュアンスを加えることができるので、意味はそれぞれ「（乗り物で）出発する」、「（歩いて）出発する」となりました。odjet の不完了体は odjíždět です。

V kolik hodin odjíždí autobus do Brna?
ブルノ行きのバスは何時に出ますか。

バスの運行表で、何時に出ることになっているのか尋ねる文です。そのため、不完了体が用いられます。

vy という接頭辞も覚えましょう。これは「中から外へ」というニュアンスと「下から上へ」というニュアンスがあります。

Markéta a Filip vyšli z divadla.
マルケータとフィリップは劇場から出てきました。

Výtah nefungoval, a proto jsme vyšli po schodech.
エレベーターが動いていなかったので、私たちは階段で上へ行きました。

他にもいろいろな接頭辞があり、多様なニュアンスを加えられます。

第29課の練習問題　解答は235ページ

練習 1　（　）の中の語を比較級か最上級に変えなさい。

1. Můžeš jet na motorce (rychle) než tramvají.
2. Mluvte prosím (pomalu).
3. Auto je (drahý) než kolo.
4. Petr měl z nás (mnoho) peněz.
5. Strýc má (špatný) paměť než teta.
6. To je (mladý) profesor na naší univerzitě.

Track 87

練習 2　次の会話を日本語に訳しなさい。

Filip : Přichází k nám nějaký pán. Znáš ho?
Milan: Ano, to je profesor Nový.
Filip : To je ten nejpřísnější profesor na naší univerzitě?
Milan: Vím, že si to mnoho studentů o něm myslí, ale není přísný... Dobrý den, pane profesore!
Profesor Nový: Dobrý den. Váš referát byl moc dobrý. Napsal jste ho nejlépe ze všech. Tak zatím na shledanou.
Milan: Děkuji vám, pane profesore, na shledanou. Není přísný, že ne?
Filip : Na tebe přísný není, protože jsi nejlepší student.

- 肯定文の後の že ano, 否定文の後の že ne は口語で「～でしょ」という意味です。
- být přísný na + 4 で「～に対して厳しい」と表わします。

練習 3　次の会話をチェコ語に訳しなさい（男性どうしの会話です）。

「普段より長く寝ていたので、今日は講義に遅れました」
「きのうは忙しかったのですか」
「はい。１日中働いていたのです」
「もっと少なく働くべきなのですが」
「わかっています。でも、しかたありません」

※「しかたない」は dát se を使って、「何もできない」という構文にします。

第 30 課

この課で学習する文

例文1 Na schůzi byl zvolen nový předseda.
会議で新しい議長が選出されました。

例文2 Tato univerzita byla založena Karlem IV. ve 14. století. この大学はカレル4世によって14世紀に創設されました。

例文3 Říká se, že se ten román dobře prodává.
その小説はよく売れているそうです。

例文4 Letadlo má dvě hodiny zpoždění.
飛行機は2時間遅延しています。

この課で覚える単語

kravata　女 ネクタイ
minulý　過去の
peněženka　女 財布
posílat　不完 V 送る
pravidelně　規則的に、定期的に
rodiče　男複 両親
rodina　女 家族
román　男 小説
říkat　不完 V 話す、いう
schůze　女 会議

století　中 世紀
šťastný　幸福な
uklidit　完 IV 掃除する
umýt　完 III 洗う
Vánoce　女複 クリスマス
Velikonoce　女複 イースター、復活祭
vypít　完 III 飲み終える
založit　完 IV 創設・創立する、置く、入れる
zpozdit　完 IV 遅らせる
ztratit　完 IV 失う、なくす

- minulý「過去の」は minulý týden, minulý měsíc として、それぞれ「先週」、「先月」を意味します。
- rodiče「両親」は次のように変化します。rodiče (1, 4, 5), rodičů (2), rodičům (3), rodičích (6), rodiči(7). 1格、4格、5格の語尾が e となるところが、規則通りではない活動体男性の複数形名詞です。
- říkat と mluvit はほぼ同じ意味ですが、mluvit には接続詞 že などを結びつけることができないのに対して、říkat はできる点が異なります。
- století の複数形には、規則通りの století に加えて staletí もあります。

第 30 課

30-1 受動分詞

受動分詞は動詞からできる、「〜された」という意味を表わす形です。**30-2** で学ぶ合成受動態を構成する重要な要素です。ここでは、この分詞の作り方を学びます。

受動分詞は n もしくは t で終わります。

(1) 不定形が at で終わる動詞は t の直前の a を長くして án とします。

例 posílat → posílán. 受動分詞を作るときは、現在活用は関係ありません。不定形もしくは l 分詞から作ります。ですから、Ⅲ型の変化をする ovat で終わる動詞も、án とします。例 navštěvovat → navštěvován.

不定形が it で終わる動詞は i を e に替えて en とします。例 zvolit → zvolen, založit → založen.

このとき、子音交替が起こります。たとえば、不定形が sit で終わる動詞の受動分詞の最後は šen となります。また、不定形が tit で終わっていれば受動分詞の最後は cen となり、不定形が dit で終わっていれば受動分詞の最後は zen です。例 prosit → prošen, vrátit → vrácen, ztratit → ztracen, uklidit → uklizen. さらに、zpozdit のように不定形が zdit で終わる動詞の受動分詞の最後は žděn となるので、この動詞の受動分詞は zpožděn です。

不定形が ít で終わり、l 分詞が el となる動詞は en とします。

例 otevřít → otevřen, zavřít → zavřen.

(2) 不定形が ít もしくは ýt で終わり、l 分詞が il, yl と母音が短くなる動詞の受動分詞はそれぞれ、it, yt となります。例 vypít → vypit, umýt → umyt.

nout で終わる動詞は nut とするのが原則です。例 zapomenout → zapomenut. しかし、dosáhnout は dosažen となるなど、原則通りにいかない動詞も少なくありません。また、mout で終わる přijmout のような動詞の受動分詞は l 分詞 přijal から l を取り去り t をつけて、přijat とします。

このような受動分詞は、目的語をもつ動詞からしか作られません。ですから、jít や sedět から受動分詞はできません。また、se や si をともなう動詞からも受動分詞はできません。そのため、zeptat se や odpočinout si といった動詞にも受動分詞はありません。

30-2　合成受動態

　受動分詞と動詞の být を組み合わせると、「～は…された」という受動態の構文を作ることができます。2つの要素を組み合わせるので、合成受動態といいます。být は主語の人称と数（過去の場合は性）に合わせて活用します。

　受動分詞の最後の n あるいは t は主語が男性単数のときの形です。女性単数であればさらに a を、中性単数であれば o を、活動体男性複数であれば i を、不活動体男性複数および女性複数であれば y を、中性複数であれば a を加えます。これは、rád や l 分詞が主語に合わせるときの語尾とまったく同じです。

　合成受動態の主語（1格）は動作の受け手を表わします。

例文1　**Na schůzi byl zvolen nový předseda.**（男性単数）

Kniha byla vrácena minulý týden.　本は先週返却されました。（女性単数）
Víno bylo už vypito.　ワインはすでに（全部）飲まれてしまいました。（中性単数）

být の時制が現在や未来の合成受動態構文もあります。
Dopisy jsou posílány pravidelně.　手紙は規則的に送られています。
Příští rok budeš přijat na univerzitu.
　来年君は大学に合格するよ（受け入れられるよ）。

動作主、つまり「～によって」は7格で表わします。

例文2　**Tato univerzita byla založena Karlem IV. ve 14. století.**

Hrad je navštěvován mnoha lidmi.　お城は多くの人々の訪問を受けています。

> ・数字の後にピリオドがついていたら、順序数詞であることを表わしています。ですから、Karlem IV. は Karlem Čtvrtým と男性単数7格で、ve 14. století は ve čtrnáctém století と中性単数6格で読みます。

　現代チェコ語では、この合成受動態構文は文語的と受け取られています。

30-3　再帰受動態

チェコ語には受動態構文がもう 1 つあります。再帰代名詞の 4 格短形である se を添える方法で、合成受動態よりもよく使われています。

動作の受け手は 1 格で表わし、その主語に合わせて動詞も活用させます。そこに se を添えることによって、受動態となります。

再帰受動態はすでに少しだけ出てきました。

Promiňte prosím, kde se prodávají vstupenky?
すみませんが、入場券はどこで売っていますか（売られていますか）。（第18課 例文1）

Tady se koná hodně koncertů a výstav.
ここではたくさんのコンサートと展覧会が開催されています。（第28課 練習3）

再帰受動態の動作の受け手は 3 人称しかなれません。また、動作主「〜によって」を表わすことはできません。

říkat「いう」を říká se という再帰受動態にすると、動作の受け手もはっきりしない、「〜だそうだ」という噂を伝える表現ができます。

例文3　Říká se, že se ten román dobře prodává.

30-4　名詞を限定する受動分詞

合成受動態にでてくる受動分詞は、主語の性と数に合わせて語尾をつけ替えました。これらの語尾は格変化しません。したがって、名詞と組み合わせて「〜された…」を表わすことはできません。しかし、受動分詞に形容詞の硬変化型の語尾 ý, á, é... をつけると、名詞と組み合わせることができます。このとき、n の直前の á は短くなります。**例** napsaný dopis「書き上がった手紙」、ztracená peněženka「失われた財布」。格変化させて文のなかに組み込むこともできます。

Našel jsem ztracenou peněženku.　私はなくした財布を見つけました。

関係代名詞を用いた Našel jsem peněženku, kterou jsem ztratil. と同じ意味ですが、文語的な表現です。

30-5 動名詞

受動分詞に í をつけると、「～すること」という動名詞ができます。náměstí と同じ変化をする中性名詞です。例 založit「創立する」→ založen「創立された」→ založení「創立（すること）」。普通の名詞のような意味までもつ語もあります。例 číst「読む」→ čten「読まれた」→ čtení「読書（読むこと）、読み物」、pít「飲む」→ pit「飲まれた」→ pití「飲むこと、飲み物」、zpozdit「遅らせる」→ zpožděn「遅れた」→ zpoždění「遅延」。

例文4 **Letadlo má dvě hodiny zpoždění.**

Co si dáte k pití? （レストランで）お飲み物は何になさいますか。

30-6 Vánoce と Velikonoce の変化

Vánoce「クリスマス」と Velikonoce「イースター」はいずれも女性の複数形名詞で、以下のような不規則な変化をします。

	語尾		
1, 5	e	Vánoce	Velikonoce
2	なし	Vánoc	Velikonoc
3	ům	Vánocům	Velikonocům
4	e	Vánoce	Velikonoce
6	ích	Vánocích	Velikonocích
7	i / emi	Vánoci / Vánocemi	Velikonoci / Velikonocemi

上のような変化をする名詞はこの2つだけです。文中であっても大文字で書きだします。

K Vánocům jsem dostal od rodičů kravatu.
クリスマスに私は両親からネクタイをもらいました。（3格）

Už se těším na Velikonoce. もうイースターを楽しみにしています。（4格）

O Vánocích jsme byli doma. クリスマスには家にいました。（6格）

クリスマスカードと年賀状を兼ねたようなカードが12月の半ばあたりから送られてきます。よく、次のように書かれています。

Veselé Vánoce a šťastný nový rok. 楽しいクリスマスを、そして幸福な新年を。

| 第 30 課の練習問題 | 解答は 236 ページ

練習 1 次の文を合成受動態の文に変えなさい。

1. Tuhle školu založili v 19. století.
2. Muzeum navštěvuje 300 lidí za den.
3. Markétu překvapilo, když dostala dopis od rodiny.
4. Zavřeli restauraci.

> • za den は「1日で、1日当たり」という意味です。この za は 4 格と結びつきます。

練習 2 (　) の中の動詞の不定形を受動分詞にして名詞と合わせなさい。

1. hodně (číst) kniha
2. (zapomenout) román
3. (posílat) dopisy
4. (ztratit) peníze
5. o (skončit) výstavě
6. (spravit) autem
7. v (pronajmout) bytě
8. s (udělat) zkouškami

練習 3 次の会話を日本語に訳しなさい。

1. － To je firma, kde pracuje náš otec.
   － Kdy byla založena?
   － Říká se, že byla založena už v 19. století.

2. － Nevíš, kde jsou moje brýle?
   － Viděla jsem je u počítače.
   － To nejsou ty, které hledám. Hledám brýle na čtení.
   － Ty brýle leží na psacím stole.

練習 4 次の会話をチェコ語に訳しなさい。

「フィリップ、君の自転車で学校へ行ってもいい？　自分のは修理に出したんだ」
「君の自転車はもう直っているよ。家の前にあるよ」

第 31 課

この課で学習する文

例文1 **Karel je Filipův bratranec.** カレルはフィリップのいとこです。

例文2 **Mluvili jsme o Filipových problémech.**
私たちはフィリップの問題について話しました。

例文3 **Buďte tak laskav a řekněte mi svůj názor.**
おそれいりますが、ご意見をおっしゃってください。

例文4 **Na podzim jsme chodívali do lesa.**
秋には森へよく行ったものです。

この課で覚える単語

bývat　不完 V　よくある、よく起こる
chladno　寒い
chodívat　不完 V　よく通う
jaro　中 春
koleno　中 膝
laskavý　親切な、優しい
les　男 森
léto　中 夏
modrý　青い
názor　男 意見
noha　女 足
oko　中 目
podzim　男 秋
problém　男 問題
rameno　中 肩
ruka　女 手
seznámit se　完 IV（s+7）知りあう
ucho　中 耳
vlastní　自分の、自らの
zima　女 冬

- この課では4つの季節の名称がでてきます。「春に」は na＋6格で na jaře となります。「夏に」は v＋6格の v létě です。「秋に」は na＋4格の na podzim,「冬に」は v＋6格の v zimě です。このように、季節を表わす語は結びつく前置詞や格がさまざまです。
- les は硬変化型の不活動体の男性名詞です。単数2格で a という語尾が、複数6格で ích という語尾がつくので、それぞれ lesa, lesích となります。
- zima は副詞として「寒い」という意味でも用いることがあります。**例** Bylo mi zima.「私は寒かった」。寒いと感じる人は3格にし、動詞の být は3人称単数（中性）にします。

31-1 所有形容詞

所有形容詞とは、その名の通り、所有者を表わす形容詞で「～の」を表わします。人を意味する男性名詞と女性名詞から作られ、動物を意味する名詞から作られることは稀です。

子音で終わる男性名詞から所有形容詞を作るには、子音の後に ův をつけます。例 bratr → bratrův. 後ろから2番目の e は消えることがあります。例 Karel → Karlův. 母音で終わる男性名詞からは、その母音を取り去ってから ův をつけます。例 předseda → předsedův, soudce → soudcův.

女性名詞から所有形容詞を作るには、最後の母音を取り去ってから in をつけます。例 teta → tetin. このとき直前の子音が k → č, g → ž, h → ž, ch → š, r → ř と交替します。例 Eliška → Eliščin, sestra → sestřin. ただし、yně, ice で終わる女性名詞からは所有形容詞はできないので、přítelkyně や sestřenice から所有形容詞を作ることはできません。

所有形容詞は次に続く名詞の性、数、格に従って以下のように変化します。
bratrův「兄の、弟の」、sestřin「姉の、妹の」

		男性		女性	中性
		活	不活		
単数	1, 5	bratrův sestřin		bratrova sestřina	bratrovo sestřino
	2	bratrova sestřina		bratrovy sestřiny	bratrova sestřina
	3	bratrovu sestřinu		bratrově sestřině	bratrovu sestřinu
	4	bratrova sestřina	bratrův sestřin	bratrovu sestřinu	bratrovo sestřino
	6	bratrově / bratrovu sestřině / sestřinu		bratrově sestřině	bratrově / bratrovu sestřině / sestřinu
	7	bratrovým sestřiným		bratrovou sestřinou	bratrovým sestřiným

男性名詞から作られる所有形容詞の ův の部分は、語尾がつくと母音が交替して ov となります。

		男性		女性	中性
		活	不活		
複数	1, 5	bratrovi sestřini	bratrovy sestřiny	bratrovy sestřiny	bratrova sestřina
	2			bratrových sestřiných	
	3			bratrovým sestřiným	
	4	bratrovy sestřiny		bratrovy sestřiny	bratrova sestřina
	6			bratrových sestřiných	
	7			bratrovými sestřinými	

例文1 **Karel je Filipův bratranec.**（男性・単数・1格、所有者は男性）

Čí je to auto? － To je Eliščino auto.
「これは誰の車ですか」「エリシュカの車です」。（中性・単数・1格、所有者は女性）

Markéta a Filip studují na Karlově univerzitě.
マルケータとフィリップはカレル大学で学んでいます。（女性・単数・6格、所有者は男性）

Na jaře pracuji rád na tetině zahradě.
春にはおばさんの庭で働くことが好きです。（女性・単数・6格、所有者は女性）

Seznámila jsem se s Karlovým kolegou.
私はカレルの同僚と知り合いました。（男性・単数・7格、所有者は男性）

V létě pojedu maminčiným autem k moři.
夏にお母さんの車で海へ行きます。（中性・単数・7格、所有者は女性）

例文2 **Mluvili jsme o Filipových problémech.**
（複数6格、所有者は男性）

　所有形容詞は所有者が1人でかつ具体的な人を意味し、しかも1語で表わされるときに用います。pero profesora Nováka「ノヴァーク教授のペン」は、具体的な「ノヴァーク教授」という人であっても profesor Novák と2語で表わされているので、所有形容詞は使えず、2格にして後におきます。

31-2　形容詞短語尾形

　形容詞は男性名詞の単数1格につくときにýあるいはíという語尾をもち、さらに名詞の性、数、格に応じて語尾をつけかえることを学びました。これを長語尾形といいます。

　これに対して格変化をしない形容詞を短語尾形といいます。短語尾形は長語尾形のýを取り去った形です（軟変化型の形容詞からは短語尾形はできません）。**例** spokojený → spokojen. このとき、šťastný → šťasten のように、後ろから2番目に e が入る形容詞があります。また、語幹の母音が長くなるものがあります。**例** starý → stár.

　形容詞の短語尾形は主語の性と数によって、以下の語尾をつけます。

	男性		女性		中性	
	語尾	例	語尾	例	語尾	例
単数	なし	spokojen	a	spokojena	o	spokojeno
複数	i（活）/ y（不活）	spokojeni / spokojeny	y	spokojeny	a	spokojena

　主語の性と数によってこの語尾がつく形容詞はすでに1つ学びました。rád です。この形容詞には短語尾形しかありません。

　チェコ語の形容詞は圧倒的多数が長語尾形で、短語尾形はますます使われなくなってきています。しかし、「恐れ入りますが」と頼みごとをする時には、laskavý「親切な」の短語尾形を用いて「親切であれ」という表現にします。

例文3　Buď'te tak laskav a řekněte mi svůj názor.

31-3　多回体動詞

　不完了体動詞の不定形 t の直前に vá を入れ込むと、「何度も～する」という意味が加わります。これを多回体動詞といいます。進行中の動作を表わせない、繰り返し専用の動詞です。**例** chodit「歩き回る、通う」→ chodívat「何度も通う」(vá の直前の i は長母音になります)、být「～だ」→ bývat「よくある」。

例文4　Na podzim jsme chodívali do lesa.

　　　V zimě tady bývá velmi chladno.
　　　冬にはここはとても寒くなることがよくあります。

31-4 対をなす身体名称の変化

「目」や「耳」など、左右で一対の身体名称は、片方だけを表わす単数形は規則的な変化ですが、「両方の〜」を表わす複数形が特殊な変化をします。以下に複数形の変化のみを挙げます。2種類の形があるものは、右側の方が口語的です。

noha「足」　　ruka「手」

1, 5	nohy	ruce
2	nohou / noh	rukou
3	nohám	rukám
4	nohy	ruce
6	nohou / nohách	rukou / rukách
7	nohama	rukama

oko「目」　　ucho「耳」

1, 5	oči	uši
2	očí	uší
3	očím	uším
4	oči	uši
6	očích	uších
7	očima	ušima

Potřebuji si umýt ruce.　手を洗う必要があります。
Karel už stojí na vlastních nohou.
カレルはもう自立しています（自らの足で立っています）。

oko, ucho は中性名詞ですが、oči「両目」、uši「両耳」は女性の複数形として扱います。

Eliška má modré oči.　エリシュカは青い目をしています。
To jsem slyšel na vlastní uši.　私はそれをこの耳で聞きました。

koleno「膝」　　rameno「肩」

1, 5	kolena	ramena
2	kolenou / kolen	ramenou / ramen
3	kolenům	ramenům
4	kolena	ramena
6	kolenou / kolenech	ramenou / ramenech
7	koleny	rameny

Dědečka bolela kolena.　おじいさんは膝が痛かったのでした。
Petr nesl na ramenou těžký batoh.
ペトルは肩に重いリュックを背負って運んでいました。

練習 1 （ ）の中の語を複数形の適切な形に変えなさい。

1. Co to máš na (noha)?
2. Nevěřila jsem vlastním (ucho).
3. Eliška měla v (ruka) těžkou tašku.
4. Otec nese syna na (rameno).
5. To jsem viděl na vlastní (oko).
6. Když jsem byl mladý, cítil jsem, že mi leží u (noha) celý svět.

練習 2 （ ）の中の語を適切な形の所有形容詞に変えなさい。

1. Ten chlapec se bojí (strýc) psa.
2. Víš, jaký je (Eliška) názor na ten problém?
3. Těším se na (profesor) přednášku o českém umění.
4. Všechny (Tomáš) děti už přišly.
5. Viděla jsem ho na (Karel) náměstí.
6. Naproti (babička) zahradě je škola.
7. Seznámil jsem se s (Markéta) rodiči.
8. Koupil jsem (kolega) synovi knihu.

練習 3 次の会話を日本語に訳しなさい。

— Včera jsem se seznámila s Filipovým bratrancem, který pracuje v Toyotě.
— Jak se jmenuje?
— Karel.
— Asi ho znám. Studoval japonskou literaturu na Karlově univerzitě.
— Jak je ten svět malý!

練習 4 次の会話をチェコ語に訳しなさい。

「あの若い女の子は誰？きれいな脚をしているね」
「マルケータだよ」
「青いドレスが似合っているなあ。目も青いし。恋人いるか知ってる？」
「知ってる。僕だから」

第 32 課

この課で学習する文

例文1 Pan Novák seděl se založenýma rukama a poslouchal přednášku.
ノヴァークさんは腕組みをして座って、講義を聞いていました。

例文2 Koupil jsem si dvoje šaty: jedny jsou bílé a druhé jsou černé.
私は2着の服を買いました。1着は白くて、もう1着は黒いものです。

例文3 Pán sedící se založenýma rukama je pan Novák.
腕組みをして座っている男の人はノヴァークさんです。

例文4 Jeden z problémů, jimiž jsme se zabývali, je již vyřešen.
私たちが取り組んでいた諸問題のうちの1つはすでに解決されました。

この課で覚える単語

ačkoli ～にもかかわらず	-li もし、～かどうか
ani も（ない）	mezi（+7）～の間で・に
bílý 白い	patery 5
brigáda 女 奉仕活動、アルバイト	sotva ～するとすぐに
budoucí 未来の	troje 3
čtvery 4	umělec 男 芸術家
dívat se 不完 V 見る	umělkyně 女 芸術家
dvoje 2	vynikající 目立った、優れた
jenž ～というもの	vyřešit 完 IV 解決する
kancelář 女 事務所	zabývat se 不完 V（+7）従事する、取り組む

- brigáda は chodit na brigádu とすると、「アルバイトをする」という意味になります。
- kancelář は、単数2格で語尾が e となる、tramvaj と同じ変化をする女性名詞です。
- ここに挙げられている数詞（dvoje, troje, čtvery, patery）は集合数詞といいます。詳しくは 32-2 を参照のこと。

第 32 課

32-1 形容詞、代名詞、数詞の特殊な複数7格語尾 ma

前の課で対をなす身体名称の変化を学びました。そのうち、nohy, ruce, oči, uši は 7 格で最後が ma となりました。nohama, rukama, očima, ušima.

この形につく形容詞、代名詞、数詞に限り、語尾を ma にします。

例文1 Pan Novák seděl se založenýma rukama a poslouchal přednášku.

Chtěla bych vám to říct mezi čtyřma očima.
そのことは2人だけで（4つの目の間で）いいたいのですが。

⚠ ・založit si ruce で「腕組みをする」という意味です。この動詞の受動分詞 založen に形容詞の硬変化語尾 ý をつけて、「組まれた腕」を表わします。

他にも、pod našima nohama「我々の足元に」や s otevřenýma očima「開かれた目で（よく見て）」などといった表現があり、いずれも名詞の ma に代名詞や形容詞も語尾を合わせています。

32-2 複数形名詞につく数詞

複数形しかない名詞を数えるとき、あえて「1つの」といいたいときは、jeden の複数形を使います。これは以下のような変化をします。語尾は ten の複数形と同じです。

	男性		女性	中性
	活	不活		
1, 5	jedni	jedny	jedny	jedna
2	jedněch			
3	jedněm			
4	jedny		jedny	jedna
6	jedněch			
7	jedněmi			

V jedněch novinách se o tom hodně píše.
ある新聞にはそれについてたくさん書かれています。

複数形名詞が２つ以上ある場合には、基数詞は使わず、集合数詞で表わします。「２」は dvoje、「３」は troje といいます。

例文2 **Koupil jsem si dvoje šaty: jedny jsou bílé a druhé jsou černé.**

Máme doma troje šachy. うちにはチェスのセットが３つあります。

「４」は čtvery、「５」は patery といい、「４」以上は最後が ery となります。しかし、中性の複数形名詞につく形は era で終わります。

V bytě jsou patery dveře. アパートにはドアが５つあります。

dvoje, troje 以外の集合数詞は使われなくなってきています。基数詞を用いた V bytě je pět dveří. という表現もよく見られます。

ここで紹介した集合数詞はすべて、１格とそれに等しい４格の形です。それ以外の２格、３格、６格、７格は形容詞の複数形語尾がつきます。dvoje と troje は e の直前が軟子音の j なので軟変化型の語尾です。**例** dvojích(2), dvojím(3), dvojích(6), dvojími(7). それに対して čtvery, patery などは y の直前は硬子音の r なので硬変化型の語尾がつきます。**例** čtverých(2), čtverým(3), čtverých(6), čtverými(7).

32-3　能動現在分詞

これは不完了体動詞から作る、「〜している、〜しつつある」という形です。名詞の性、数、格に応じて形を整えます。作り方は簡単で、現在活用の３人称複数形に cí を加えるだけです。**例** sedět「座っている（不定形）」→ sedí（３人称複数現在）→ sedící「座っている（能動現在分詞）」、číst「読む（不定形）」→ čtou（３人称複数現在）→ čtoucí「読書中の（能動現在分詞）」。

例文3 **Pán sedící se založenýma rukama je pan Novák.**

この文は文語的で、Pán, který sedí se založenýma rukama, je pan Novák. と関係代名詞の který を用いた方がはるかに多いことは確かです。しかし、論文などの文体ではいまだに使われています。また、能動現在分詞起源の ící, oucí で終わる形容詞はたくさんあります。たとえば、být の未来形 budou

からできた budoucí「未来の」や vynikat「目立つ」からできた vynikající「目立っている、優れた」などです。

Tady studují budoucí umělci a umělkyně.
ここには未来の男女の芸術家が学んでいます。

▽ ・「読書しながらコーヒーを飲む」という場合の副詞的に用いる「～しながら」という形も不完了体動詞から作れます。しかし、上の形容詞的な形よりもはるかに稀なので、この本では扱いません。

32-4 関係代名詞jenžの変化

能動現在分詞と同じく、このjenžも文語的な表現で用いられる関係代名詞です。はたらきはkterýと同じで、性と数は先行詞に従い、格は従属文の中の役割によるところも同じです。この語は以下のように変化します。

		男性		女性	中性
		活	不活		
単数	1	jenž		jež	jež
	2	jehož (něhož)		jíž (níž)	jehož (něhož)
	3	jemuž (němuž)		jíž (níž)	jemuž (němuž)
	4	jehož (něhož)/ jejž (nějž)	jejž (nějž)	jíž (niž)	jež (něž)
	6	němž		níž	němž
	7	jímž (nímž)		jíž (níž)	jímž (nímž)
複数	1	již	jež	jež	jež
	2	jichž (nichž)			
	3	jimž (nimž)			
	4	jež (něž)			
	6	nichž			
	7	jimiž (nimiž)			

関係代名詞には5格はありません。（ ）の中は前置詞と共に用いられる形です。単数と複数の1格と4格以外は3人称の人称代名詞（on, ona, onoなど）とまったく同じ形の後にžがついています。

例文4 **Jeden z problémů, jimiž jsme se zabývali, je již vyřešen.**

32-5　接続詞のまとめ

　これまでにもさまざまな接続詞を学んできました。すでに覚えた語をそのまま使っても組み合わせたりしても、表現できることが広がります。
　比較級を用いた表現に出てきた než は「～より前に」という接続詞にもなります。

Než jsem přišla do kanceláře, začalo pršet.
私がオフィスに着く前に、雨が降り出しました。

　jako は条件法の by を伴う文と組み合わせると「まるで～であるかのように」という意味です。

Honza dělá, jako by se nic nestalo.
ホンザはまるで何も起こらなかったかのように行動しています。

　新しい接続詞も4つ紹介します。
　ani は否定文で用いられ、「～も～もない」という意味です。

Neodpověděl ani Karel, ani Filip.　カレルもフィリップも答えませんでした。

　ačkoli は譲歩を表わす接続詞です。意味は i když と同じで「～にもかかわらず」となります。

Ačkoli musí často chodit na brigádu, je vynikající studentka.
たくさんアルバイトをしなければならないにもかかわらず、彼女は優秀な学生です。

　sotva は「～するとすぐに」という意味です。

Sotva Karel přišel domů, začal psát dopis.
カレルは帰宅するとすぐに手紙を書き始めました。

　-li は jestli と同じ意味ですが、必ず動詞の後につけます。

Markéta se mě zeptala, mám-li tužku.
マルケータは私に鉛筆を持っているかどうか尋ねました。

Bude-li hezké počasí, budeme hrát tenis.
いい天気なら、テニスをしましょう。

練習 1 （　）の中の語を適切な形に変えなさい。数字はチェコ語で綴ること。

1. Dívej se s (otevřené oči).
2. Dědeček často zapomíná brýle, a tak má doma (3).
3. Honza umí psát (obě ruce).
4. Každý den otec čte (2) noviny.

練習 2 次の文を jenž を用いて１つの文につなげなさい。

1. Pronajali jsme si auto. Tím autem jsme jeli do Českého Krumlova.
2. Eliška koupila knihu. O té knize se píše v novinách.
3. Ten pán je kamarád ze školy. S tím pánem jste se seznámila na večírku.
4. Jak se jmenují ty děti? Děti zpívají.

練習 3 次の文を日本語に訳しなさい。

Petr Novák pracuje v bance. Ačkoli má každý den hodně práce, chodí často na koncerty. I včera byl na koncertě, na který se dlouho těšil. Koncert se mu moc líbil a sotva přišel domů, začal psát dopis kamarádovi Honzovi, který má také rád hudbu.

練習 4 次の文をチェコ語に訳しなさい。

マルケータの恋人のフィリップは学生です。休み中毎日テニスをして泳いでいました。秋には英語の試験も英文学の試験も受からなかったのですが、何事もないかのように行動しています。

応用と実践 7

解答は 237 ページ

練習 1　次の単語を覚えましょう。

lehkomyslný　軽率な	rozejít se　完 I　(s+7) 別れる、解散する
letos　今年	srdce　中 心臓、心
líný　怠惰な	strach　男 恐れ、心配
milý　親愛な、親切な	střídavě　かわるがわる
narodit se　完 IV　生まれる	studium　中 学業、研究
navíc　しかも	tu　ここで・に
nudný　退屈な	vesnice　女 村
podobný (+3)　似ている	vzpomenout si　完 V　(na+4) 思い出す
povaha　女 性質	změnit　完 IV　変える
rada　女 忠告、アドヴァイス	zvědavý　知りたい、好奇心のある

⚠️
- milý は次ページのテキストでは「親切な」という意味で出てきますが、手紙の書き出しでも使えます。そのとき、相手の名前や姓を5格にします。例 Milý Filipe, 「親愛なるフィリップ」
- strach は動詞 mít と組み合わせて mít strach とすると「恐れる、心配する」という意味になります。さらに o ＋ 4 格が続くと「心配する」という意味にしかなりません。例 Mám strach o nejmladšího syna. 「一番下の息子が心配です」
- vesnice は場所や方向を表わすとき、前置詞の na と結びつきます。例 Žijeme na vesnici. 「私たちは村で暮らしています」

練習 2　(　) の中の語を適切な形に変えなさい。

1. Před (Vánoce) jsme měli hodně práce.
2. Setkal jsem se s (Markétini rodiče).
3. Pracuji v (otcova kancelář).
4. Kolo stojí mezi (ty dvě budovy).
5. Nerozuměl jsem (profesorova přednáška).

練習 3 次の文を能動態に変えなさい。

1. Tahle kniha byla vrácena minulý týden.
2. Problém byl už vyřešen.
3. Kancelář byla dnes zavřena v osmnáct hodin.
4. Hrad je navštěvován mnoha lidmi.

練習 4 次の文の関係代名詞を jenž に変えなさい。

1. Koupím si kravatu, která mi bude slušet.
2. Dívky, se kterými jste se seznámil na večírku, jsou dcery profesora Nováka.
3. Markéta dala svoje věci do tašky, kterou nosí každý den.
4. To jsou počítače, o kterých jsem četla v časopise.

練習 5 次の文章を日本語に訳しなさい。

> Žiji sama na vesnici. Kdo říká, že žít na venkově je nudné, nemá pravdu. Mám ráda dům, kde jsem se narodila, je tu vždycky co dělat. Navíc mě střídavě navštěvují moji synovci a prosí mě o rady.
>
> Mám tři synovce. Nejstarší Tomáš je sestřin syn. Dříve pracoval v jedné firmě, ale nedávno změnil práci a odjel do Anglie. Jeho bratr Karel letos skončil studium na Karlově univerzitě a od září začal pracovat. Zatím mám největší strach o Filipa, bratrova syna. Je milý, má dobré srdce, ale musím říct, že je trochu líný a lehkomyslný. Je veselé povahy, v tom je podobný svému otci. Když s Filipem mluvím, často si na bratra vzpomenu. Slyšela jsem, že Filip neudělal zkoušky a rozešel se se svou přítelkyní. Zítra ke mně přijede, a tak jsem zvědavá, co si myslí a jak chce žít.

• být は 2 格と結びつくと、所有や特徴を表わします。例 To auto je naší firmy.「その車は私たちの会社の所有だ」。Byl veselé povahy.「彼は陽気な性格だった」。

最終確認テスト (45分　100点満点)

I （　）の中の語を適切な形に変えなさい。数字はチェコ語で綴ること。
〔1点×30〕

1. Jsem unavený. Pojedeme tam (ten) (výtah).
2. Dali jsme si oběd v (moderní) (restaurace).
3. Byli tam (český) (turista).
4. Markéta přišla z (univezitní) (knihovna).
5. Tomáš bude od (říjen) pracovat na (letiště).
6. Naproti (studentský) (kolej) je krásný park.
7. Před (několik) (století) tam nic nebylo.
8. Už musím jít. Dnes mám hodně (nudný) (schůze).
9. Máme doma (3) (pes).
10. Co se píše v (ten) (noviny)?
11. Pojedete tam (metro) nebo (tramvaj)?
12. Karel se zabývá (japonský) (umění).
13. (Můj) (dcera) je (6) (rok).
14. Honza se díval na ten film s (otevřený) (ústa).

II （　）の中の語を適切な形に変えなさい。
〔1点×5〕

1. Zdá se (my), že se Filip nevrátí.
2. Co (vy) bolí?
3. Slyšel jsi něco o Elišce? Dostal jsi od (ona) dopis?
4. To (já) nevadí.
5. To je můj nejmladší syn. Vždycky o (on) mám strach.

III 次の文を過去形に書き変えなさい。
〔2点×5〕

1. Markéta není doma.
2. Odpovím na všechny otázky.
3. Můžeme tam přijít včas.
4. Filip často telefonuje Markétě.
5. Ti chlapci rádi hrají tenis.

IV 次の文を、未来を表わす文に変えなさい。
〔2点×5〕

1. Ukázala jsem svým studentům tu knihu.
2. Ve středu jsme šli na procházku.
3. Učil ses česky?

V 例 に倣って、3人称に対する命令文に変えなさい。　　〔2点×3〕

例 Jeďte tam vlakem. (Filip) → Ať tam Filip jede vlakem.
1. Poraďte mi. (teta Jana)
2. Přijďte ke mně. (vaši rodiče)
3. Umyjte všechna okna. (synové)

VI 条件法を用いて書き変えなさい。　　〔2点×4〕
1. Můžeš mi ukázat ten počítač?
2. Jestli přijde Honza na večírek, bude to hezký večer.
3. Když se stanu klavíristou, budu cestovat po celém světě.
4. Chci si dobře odpočinout.

VII 次の文を日本語に訳しなさい。　　〔3点×5〕
1. Teta Jana viděla odjíždějící vlak, v němž byl její synovec.
2. Na večírku měla Eliška na sobě černé šaty, které jí moc slušely.
3. Chceš-li si zítra odpočinout, dej se do práce už teď.
4. Než jsem přišla domů, manžel byl už doma a čekal na mě.
5. Náš průvodce řekl, že vlak má čtvrt hodiny zpoždění.

VIII 次の文を分詞を用いた受動態に変えなさい。　　〔2点×5〕
1. Tu školu založili před 50 lety.
2. Ten plán už zapomněli.
3. Umyli jsme všechna okna.
4. Dceru přijali na univerzitu.
5. Peníze nám posílají pravidelně.

IX レンカに関するCDを聞いて次の問いに対する答えを選びなさい。〔2点×5〕
1. Kde bydlí Lenka?
　　a) Brno　　　　b) Český Krumlov　　c) Praha
2. Kolik let je Lenčinu manželovi?
　　a) 23 let　　　b) 28 let　　　　　c) 33 let
3. Kolik dětí má Lenka?
　　a) 1　　　　　b) 2　　　　　　　c) 3
4. Kam pojedou zítra?
　　a) Brno　　　　b) Český Krumlov　　c) Praha
5. Kdo tam bydlí?
　　a) Lenčini rodiče　b) Lenčin syn　　c) Milanovi rodiče

語形変化表

名詞

　名詞は不規則な変化をするものや外来語を除いて全部で14の規則的な型に分けられます。そのうち、次の5つの型は第9課から第21課にかけて少しずつ説明しました。

硬子音で終わる活動体の男性名詞　例 student「学生」

	1	2	3	4	5	6	7
単数	student	-a	-ovi / -u[1]	-a	-e[2]	-ovi / -u[1]	-em
複数	-i[3]	-ů	-ům	-y	-i[3]	-ech[4]	-y

1) 1語のみのときは原則として ovi．2語以上だと前の語は u, 後ろの語は ovi．間の語は u の方が多い．→ 12-3
2) k, g, h, ch の後は語尾 u, 子音字＋r は r を ř に変えて e．→ 10-1
3) 複数1格（5格）の語尾は他に ové, é．→ 18-1
　i の前の k, g, h, ch, r はそれぞれ c, z, š, ř に交替．→ 18-2
4) k, g, h, ch の後は語尾 ích．その際それぞれ c, z, š に交替．→ 20-4

硬子音で終わる不活動体の男性名詞　例 hrad「城」

	1	2	3	4	5	6	7
単数	hrad	-u[1]	-u	hrad	-e[2]	-u / -ě[3]	-em
複数	-y	-ů	-ům	-y	-y	-ech[4]	-y

1) 語によっては語尾 a．→ 14-1
2) k, g, h, ch の後は語尾 u．→ 10-1
3) k, g, h, ch の後は語尾 u, それ以外は語によって異なる．→ 12-3
4) k, g, h, ch の後は語尾 ích．その際それぞれ c, z, š に交替．→ 20-4

a で終わる女性名詞　例 žena「女、妻」

	1	2	3	4	5	6	7
単数	žen-a	-y	-ě[1]	-u	-o	-ě[1]	-ou
複数	-y	žen	-ám	-y	-y	-ách	-ami

1) sa, za, la → se, ze, le．→ 16-1
　ka, ga, ha, cha, ra → ce, ze, ze, še, ře．→ 12-4

o で終わる中性名詞　　例 město「町」

	1	2	3	4	5	6	7
単数	měst-o	-a	-u	-o	-o	-u / -ě[1]	-em
複数	-a	měst	-ům	-a	-a	-ech[2]	-y

1) ko, go, ho, cho, ro で終わる語や外来語は規則的に語尾 u. それ以外は ě(e) が多い。→ 12-3
2) ko は語尾 ách. → 20-4

í で終わる中性名詞

	1	2	3	4	5	6	7
単数	nádraž-í	-í	-í	-í	-í	-í	-ím
複数	-í	-í	-ím	-í	-í	-ích	-ími

次の４つの型は、単数形の変化はまとめて示しましたが、複数形の変化は第18課から第21課にかけて少しずつ説明しました。

軟子音で終わる活動体の男性名詞　　例 muž「男、夫」

	1	2	3	4	5	6	7
単数	muž	-e	-i / -ovi[1]	-e	-i[2]	-i / -ovi[1]	-em
複数	-i / -ové[3]	-ů	-ům	-e	-i /-ové[3]	-ích	-i

1) 原則として i. 人名はどちらも可能。→ 18-4
2) ec で終わる語のいくつかは če. → 18-4
3) 他に語尾 é. どの語がどの語尾と結びつくのかは語によって異なるが、tel で終わる語は必ず é. → 18-4

軟子音で終わる不活動体の男性名詞　　例 stroj「機械」

	1	2	3	4	5	6	7
単数	stroj	-e	-i	stroj	-i	-i	-em
複数	-e	-ů	-ům	-e	-e	-ích	-i

aで終わる男性名詞　例 předseda「議長」

	1	2	3	4	5	6	7
単数	předsed-a	-y	-ovi	-u	-o	-ovi	-ou
複数	-ové[1]	-ů	-ům	-y	-ové[1]	-ech	-y

1) 単数1格が ista で終わる語の語尾は é.　→ 18-1

eで終わる女性名詞　例 růže「バラ」

	1	2	3	4	5	6	7
単数	růž-e	-e	-i	-i	-e	-i	-í
複数	-e	-í[1]	-ím	-e	-e	-ích	-emi

1) 単数1格が ice, íce あるいは ile, íle で終わる語の語尾はゼロで ic, il.　→ 20-6

次の5つの型は単数形も複数形もすべて表として載っています。
- e で終わる男性名詞。→ 26-5
- 子音で終わる女性名詞、単数2格が e (ě).　→ 22-1
- 子音で終わる女性名詞、単数2格が i.　→ 23-1
- e (ě) で終わる中性名詞。→ 25-3
- e (ě) で終わる中性名詞、語幹拡大。→ 27-5

代名詞

代名詞のうち、指示代名詞は第9課から第21課にかけて、人称代名詞と再帰代名詞は第9課から第16課にかけて少しずつ説明しました。

指示代名詞　例 ten「その」

		1, 5	2	3	4	6	7
単数	男	ten	toho	tomu	toho / ten	tom	tím
	女	ta	té	té	tu	té	tou
	中	to	toho	tomu	to	tom	tím
複数	男	ti / ty	těch	těm	ty	těch	těmi
	女	ty			ty		
	中	ta			ta		

スラッシュ (/) の前が活動体、後が不活動体。
tento, tenhle「この」も同様の変化。

人称代名詞１人称、２人称と再帰代名詞

単数

	1, 5	2	3	4	6	7
１人称	já	mne；mě	mně；mi	mne；mě	mně	mnou
２人称	ty	tebe；tě	tobě；ti	tebe；tě	tobě	tebou
再帰		sebe	sobě；si	sebe；se	sobě	sebou

複数

	1, 5	2	3	4	6	7
１人称	my	nás	nám	nás	nás	námi
２人称	vy	vás	vám	vás	vás	vámi

セミコロン（；）の前が長形、後が短形

人称代名詞３人称

		男性	女性	中性
単数	1, 5	on	ona	ono
	2	jeho (něho), jej (něj); ho	jí (ní)	jeho (něho), jej (něj); ho
	3	jemu (němu); mu	jí (ní)	jemu (němu); mu
	4	jeho (něho), jej (něj); ho / jej (něj); ho	ji (ni)	je (ně), jej (něj); ho
	6	něm	ní	něm
	7	jím (ním)	jí (ní)	jím (ním)
複数	1, 5	oni/ ony	ony	ona
	2	jich (nich)		
	3	jim (nim)		
	4	je (ně)		
	6	nich		
	7	jimi (nimi)		

スラッシュ（/）の前が活動体、後が不活動体。
セミコロン（；）の前が長形、後が短形。
かっこ（ ）の中は前置詞と共に用いる形。ただし、前置詞を必ず伴う６格を除く。

疑問代名詞 co と kdo

1	2	3	4	6	7
co	čeho	čemu	co, -č	čem	čím
kdo	koho	komu	koho	kom	kým

その他の代名詞は単数形も複数形もすべて表として載っています。
- 所有代名詞 můj, tvůj, svůj. → 21-6
- 所有代名詞 náš と váš. → 22-6
- 不定代名詞 všechen. → 27-4
- 関係代名詞 jenž. → 32-4
- 関係代名詞の který は次に示す形容詞の硬変化型と同じ変化です。

形　容　詞

形容詞の変化は第9課から第21課にかけて少しずつ説明しました。

硬変化型　例) nový「新しい」

		1, 5	2	3	4	6	7
単数	男	nov-ý	-ého	-ému	-ého / -ý	-ém	-ým
	女	nov-á	-é	-é	-ou	-é	-ou
	中	nov-é	-ého	-ému	-é	-ém	-ým
複数	男	-í[1] / -é	-ých	-ým	-é	-ých	-ými
	女	-é			-é		
	中	-á			-á		

スラッシュ（/）の前が活動体、後が不活動体。
1) ký, hý, chý, rý, ský, cký → cí, zí, ší, ří,ští, čtí. → 18-3

軟変化型　例) hlavní「主な、主要な」

		1, 5	2	3	4	6	7
単数	男	hlavn-í	-ího	-ímu	-ího / -í	-ím	-ím
	女	hlavn-í	-í	-í	-í	-í	-í
	中	hlavn-í	-ího	-ímu	-í	-ím	-ím
複数		-í	-ích	-ím	-í	-ích	-ími

- 所有形容詞の変化 → 31-1
- 比較級と最上級 → 29-1

動　詞

規則変化

型		I	II	III	IV	V
不定形		číst	dosáhnout	studovat	mluvit	dělat
現在	1. sg.	čtu	dosáhnu	studuji / -u	mluvím	dělám
	2. sg.	čteš	dosáhneš	studuješ	mluvíš	děláš
	3. sg.	čte	dosáhne	studuje	mluví	dělá
	1. pl.	čteme	dosáhneme	studujeme	mluvíme	děláme
	2. pl.	čtete	dosáhnete	studujete	mluvíte	děláte
	3. pl.	čtou	dosáhnou	studují / -ou	mluví	dělají
命令	2. sg.	čti	dosáhni	studuj	mluv	dělej
	1. pl.	čtěme	dosáhněme	studujme	mluvme	dělejme
	2. pl.	čtěte	dosáhněte	studujte	mluvte	dělejte
l 分詞		četl	dosáhl	studoval	mluvil	dělal
受動分詞		čten	dosažen	studován	mluven	dělán

不規則変化

不定形		být	chtít	jíst	vědět
現在	1. sg.	jsem	chci	jím	vím
	2. sg.	jsi	chceš	jíš	víš
	3. pl.	je	chce	jí	ví
	1. pl.	jsme	chceme	jíme	víme
	2. pl.	jste	chcete	jíte	víte
	3. pl.	jsou	chtějí	jedí	vědí
命令	2. sg.	buď	chtěj	jez	věz
	1. pl.	buďme	chtějme	jezme	vězme
	2. pl.	buďte	chtějte	jezte	vězte
l 分詞		byl	chtěl	jedl	věděl
受動分詞			chtěn	jeden	

現在活用Ⅰ型 → 12-1 、Ⅱ型 → 17-4 、Ⅲ型 → 11-1 、Ⅳ型 → 10-2 、
Ⅴ型 → 9-1

現在活用不規則 být → 5-3 、その他 → 13-5

規則変化、不規則変化とも、次の形式は以下を参照のこと。
- 過去形および l 分詞形 → 15-6 、16-6 、17-5
- 不完了体未来 → 17-2 、18-5
- 命令法 → 22-2 、22-3 、22-4 、22-5 、23-2
- 条件法 → 25-4 、26-3 、26-4
- 受動分詞 → 30-1
- 合成受動態 → 30-2
- 能動現在分詞 → 32-3

かっぱ
(イラスト：Josef Lada)

練習問題 解答と解説

■ 第1課

練習 4 1.「これは何ですか」「これは映画館です」
2. これは自転車で、そしてこれはバイクです。
3.「これは何ですか」「自転車です」
4.「これは何ですか」「バイクです」
5.「これはビールですか」「はい、ビールです」
6.「これは映画館ですか」「はい」

練習 5 1. Co je to? – To je pivo.
2. Je to motorka? – Ano.
3. To je motorka a to je kolo.

■ 第2課

練習 3 1.「これはテーブル／机ですか」「はい、そうです」
2.「これは何ですか」「これはワインです」
3.「これはワインではないのですか」「はい、これはワインではありません」
4. これはバイクで、そしてこれは自動車です。
5.「これは辞書ですか」「はい、辞書です」

練習 4 1. To není autobus.
2. Je to auto? – Ano, auto.
3. Co je to? – To je slovník.
4. To není káva.
5. To je káva a to je mléko.

■ 第3課

練習 4 男性名詞：autobus, stůl.
女性名詞：káva, motorka, voda.
中性名詞：auto, kino, kolo, mléko, víno.

練習 5 1. これは大きな町です。
2. これは小さなテーブル／机ではありません。
3. これは古い車ですか。
4. これはいい映画です。
5.「これは駅ですか」「はい」
6. これはおいしいコーヒーです。

第 4 課

練習 3
1. ノヴァーコヴァーさんはどんな人ですか。
2. ノヴァークさんは主任技師ですか。
3. これは中央駅です。
4. これは中央郵便局ではないのですか。

練習 4
1. To není kniha. To je malý slovník.
2. Je to dobrý film? – Ano, dobrý.
3. Jaký je pan Novák?
4. Co je to? – To je hlavní náměstí.

第 5 課

練習 4
1. 「ペトルはどこにいますか」「家にいます」
2. 「あなたは技師ですか」「はい、そうです」
3. こちらはフィリップです。学生です。
4. こちらはマルケータです。チェコ人です。

練習 5
1. To je Filip. Je Čech.
2. Kde jsou Filip a Markéta?
3. Kde teď jste?
4. Pan Novák není student. Je inženýr.
5. Kde je hlavní pošta?

第 6 課

練習 1
1. 私は技師で、マルケータさんは学生です。
2. こちらはノヴァークさんです。技師です。
3. 「あなたはチェコ人ですか」「いいえ、チェコ人ではありません」
4. 私は家にいます。それで、君はどこにいるの。

練習 2
1. Já jsem student a Petr je inženýr. / Já jsem studentka a Petr je inženýr.
2. Jaký student je Filip? *　　＊ Jaký je Filp student? という語順もありえます。
3. Vy jste student? / Vy jste studentka? – Ne, nejsem.
4. Paní Nováková není inženýrka? / Slečna Nováková není inženýrka?
   – Ne, není.
5. Ty jsi unavený? / Ty jsi unavená? – Ano.
6. Jsi teď doma? – Ano.

第 7 課

練習 2
1. これは誰のリュックサックですか。
2. このノートは新しいです。
3. そのバッグは誰のですか。
4. このコーヒーはおいしくありません。
5. この自転車は古いです。
6. その駅は大きいです。

練習 3
1. ten dobrý film
2. tahle hlavní pošta / tato hlavní pošta
3. to velké hlavní náměstí
4. Ten batoh je nový.
5. Tenhle slovník je starý a velký. / Tento slovník je starý a velký.
6. Čí je to tužka?
7. To kolo je malé.
8. Jaké je to víno? – Dobré.
9. Čí je to motorka?
10. Tohle město je velké. / Toto město je velké.

第 8 課

練習 2
1. 「これは誰のバッグですか」「私のです」
2. 君のノートはどこなの？
3. この辞書はちいさいですが、いいです。
4. フィリップは技師ではありません。まだ学生です。

練習 3
1. To je paní Nováková a to je její manžel.
2. Je to váš batoh? – Ano, můj.
3. To je naše nová knihovna.
4. Tužka je stará, ale sešit je ještě nový.
5. Já jsem velký, ale manželka je malá.

応用と実践 1

練習 3 こんにちは。私はフィリップです。学生です。
こちらは私の友人のマルケータです。マルケータもまた学生です。

練習 4 Dobrý den. Já jsem Markéta. Jsem (studentka).
To je (můj) (kamarád) Filip. Filip je také (student).

練習 5 ペトル「こちらは私の兄*のミランです。こちらはヤン・ノヴィー教授です」
教授「ヤン・ノヴィーです。はじめまして」
ミラン「ミラン・チャペックです。はじめまして」

*弟でもかまいません。

練習 6 Eliška　　　: To je (moje) sestra Markéta. To je profesorka Jana (Nová).
profesorka : Jana (Nová). Těší mě.
Markéta　　: Markéta (Čapková). Těší mě.

練習 7 フィリップ「こんにちは、僕はフィリップというんだ」
広志「こんにちは、僕は広志、新入生です」
フィリップ「日本人なの？」
広志「はい。あの女の子は誰？」
フィリップ「あれはヤナだよ。あの子も新入生なんだ」
広志「チェコ人なの？」
フィリップ「ううん。スロヴァキア人」

練習 8 Markéta : Ahoj, já jsem Markéta.
Risa　　 : Ahoj, já jsem Risa, jsem nová studentka.
Markéta : Ty jsi Japonka?
Risa　　 : Ano. Kdo je ten chlapec?
Markéta : To je Milan. Je to také nový student.
Risa　　 : Je Čech?
Markéta : Ne. Slovák.

■ 第 9 課

練習 1
1. auto
2. Jana
3. náměstí
4. kamarádku
5. stůl
6. inženýra
7. slečnu Elišku
8. pana Nováka

練習 2
1.「お兄さん*はいらっしゃいますか」「いいえ、いません」

*「弟さん」も正解です。

2.「エリシュカは何をしている人ですか」「技師です」
3.「これは誰のためのものですか」「これはマルケータのためのものです」
4. フィリップはあそこで音楽を聞いています。
5.「傘を持っているの」「はい、持っています」
6.「普段どこでお昼ごはんをたべるのですか」「自宅です」

7. ノヴァーク技師をご存知ですか。
8. 「何を探しているの」「鉛筆を探しているんだ」

練習 3
1. Znáte Jana? – Ne, neznám.
2. Snídáme obvykle doma.
3. Koho hledáš? – Hledám Markétu.
4. Máte kočku? – Ano, mám. / Ano, máme.
5. Jan a Milan čekají na Janu.
6. Ta motorka je pro Jana.
7. Znáte Karla Čapka?
8. Co děláš? – Hledám sešit.

第 10 課

練習 1
1. paní inženýrko
2. profesore Nový
3. sestro
4. slečno Markéto
5. pane Čapku
6. Jano Čapková
7. Karle
8. bratře

練習 2
1. 「マルケータは何をしていますか」「コーヒーを淹れています」
2. カレルとマルケータは英語がとても上手にできます。
3. おばあさんは年を取っていますが、よく見えてよく聞こえます（目と耳がいいです）。
4. 「ノヴァークさんは何をしていますか」「車を運転しています」
5. カレル、普段どこで夕食を食べるの。
6. ヤンは何と速く走ることでしょう。
7. 「ヤナ、料理はできるの」「ええ、できるわ」
8. これはあなたの傘だと思っているのですか。

練習 3
1. Večeříme obvykle doma.
2. Myslím, že ten profesor je Slovák. / Myslím, že ta profesorka je Slovenka.
3. Petře, mluvíš velmi rychle.
4. Filip neumí řídit.
5. Já neumím anglicky, ale sestra mluví dobře.
6. Dědeček je velmi starý a neslyší.
7. Milane, ještě nespíš?
8. Petr myslí, že jsem Japonec. / Petr myslí, že jsem Japonka.

第 11 課

練習 1
1. hlavního inženýra
2. velký dům
3. slečnu Novákovou
4. Karla Nového
5. hlavní náměstí
6. to dobré víno
7. tu dobrou motorku
8. toho malého psa

練習 2
1. 「何が必要なの」「新しいノートが必要なんだ」
2. お母さんは絵を描くことが好きです。
3. お父さんは技師として働いています。
4. 「こちらはマルケータです」「私は彼女を知っていると思います」
5. その少年はミルクが好きではありません。
6. チェコ文学を専攻していらっしゃるのですか、それとも英文学ですか。
7. 「その駅が見えますか」「はい、よく見えます」
8. マルケータはピアノを弾いています。

練習 3
1. Čekáte na nás?
2. Myslím, že Filip potřebuje velký slovník.
3. Nerad hraju na klavír. / Nerada hraju na klavír.* / Nehraju rád na klavír. / Nehraju ráda na klavír.*

   * hraju, nehraju を文語的な hraji, nehraji とすることもできます。また、語順を入れ替えて、Hraju nerad na klavír. ともいえます。しかし、Rád nehraju... とはいいいません。

4. Pije tvůj tatínek rád pivo nebo víno?
5. Myslím, že pan Novák tě nezná.
6. Neznám toho nového studenta. / Neznám tu novou studentku.
7. Moje sestra pracuje jako inženýrka.
8. Naše babička se jmenuje Jana.

第 12 課

練習 1
1. kině
2. náměstí
3. klavíru
4. tašce
5. panu Petru Novákovi
6. slečně Elišce

練習 2
1. 「マルケータは何をしていますか」「手紙を書いています」
2. ミランは音楽を聴きながら本を読んでいます。
3. 「あなたがたはどこに住んでいるのですか」「東京に住んでいます」
4. 「フィリップはどこにいますか」「大学にいます」
5. ノヴァークさんは君を駅で待っているよ。

6. ミランはサッカーの雑誌（サッカーに関する雑誌）を読んでいます。
7. バッグの中に何を持っているの。
8. マルケータはプラハに住んでいて、私もプラハに住んでいます。

練習3
1. Hledám deštník, protože prší.
2. Můžete řídit pomalu?
3. Dcera studuje v Tokiu na univerzitě.
4. Manžel je teď v bance. Čekám na něho.*　　*na něj も正解です。
5. Na stole je slovník a ve stole je sešit.
6. Nerad hraju fotbal. / Nerada hraju fotbal.** / Nehraju rád fotbal. / Nehraju ráda fotbal.**

　　** hraju, nehraju を hraji, nehraji とすることもできます。また、語順を入れ替えて Hraju nerad fotbal. ともいえます。しかし、Rád nehraju... とはいいません。

7. Kde je Karel? – Na dvoře. Hraje tam fotbal.
8. Syn umí číst, ale velmi pomalu.
9. Milane, umíš dobře plavat?
10. Filip a Markéta bydlí v Praze.

応用と実践2

練習2
1. profesore Čapku
2. něco
3. mě
4. inženýra Nováka
5. autobuse*
6. nové auto
7. Koho
8. Tokiu.

　　*autobusu もありますが、語尾 e の方が多く見られます。

練習3
1. navštěvujeme
2. spí
3. vypadáš
4. umí
5. prší
6. Žijeme
7. mluví
8. plete

練習4 (Track 45)
Jak se jmenujete? – Jmenuji se Jan Nový.
Kde bydlíte? – Bydlím v Praze.
Jste inženýr*? – Ne, nejsem. Jsem student.

　　*student 以外の職業名であれば inženýr でなくてもかまいません。

Co studujete? – Studuji českou literaturu.
Co rád děláte? – Rád vařím.

練習5
　　　　　　　ヤナおばさんについて
ヤナおばさんは1人で田舎に住んでいます。もう年ですが、元気そう

です。目はいいし、耳はいいし、何も忘れません。天気のいいときは庭仕事をすることが好きです。雨が降っているときは家で読書をしたり、編み物をしています。わたしはおばさんをそんなに頻繁に訪ねることができませんが、いつも彼女のことを考えています。

　ヤナおばさんが大好きなのです。

■ 第 13 課

練習 1
1. hezkém počasí
2. tomto dopise*
3. novém rádiu
4. tom velkém stole
5. téhle univerzitě
6. panu inženýru Novém
7. té dobré knize
8. anglickém moderním umění

＊ tomto dopisu もありますが、語尾 e の方が多く見られます。

練習 2
1. ノヴァークさんはその大きなアパートに1人で暮らしています。
2. これは誰のバイクか知っているの。
3. フィリップはこの大学で学んでいます。
4. 「その映画館では何をやっていますか」「新しいイギリス映画です」
5. 私の友人はその大きな銀行で働いています。
6. 「フィリップがどのように英語を話すかご存じありませんか」「下手だと思います」
7. 「マルケータ、コーヒーは欲しくない？」「けっこうよ（欲しくない）」
8. 雨が降っているかどうか私は知りません。

練習 3
1. Dědeček bydlí v tomto městě.＊　　＊口語的な v tomhle městě も正解です。
2. Tatínek pracuje na hlavní poště.
3. Obvykle jíme doma.
4. Eliška a Petr mluví o mně?
5. Dnes nechci nic vařit.
6. Vím, jak se jmenuje ta studentka. Je to Markéta.
7. Víte něco o tom dopise**?　　**o tom dopisu でもかまいません。
8. Víte, o čem přednáší profesorka Nová?

■ 第 14 課

練習 1
1. mléka
2. venkova
3. Brna
4. toho klavíru
5. slečny Novákové
6. Karla Čapka
7. velkého stolu
8. hlavního nádraží

練習 2 1.「フィリップ、どこへ行くの」「銀行へ行くんだよ」
2. このバスは中央駅発です。
3. 私はミルクなしのコーヒーを飲むことは好きではありません。
4. ペトルは市立図書館のそばに立ってエリシュカを待っています。
5.「エリシュカとペトルはどこの出身ですか」「ブルノ出身です」
6. エリシュカはノヴァーク技師に質問しています。
7. 東京は日本の首都です。
8. 息子はこの犬を怖がっています。とても大きいからです。

練習 3 1. Dobrý den, pane Nováku, kam jdete? – Do městské knihovny.
2. Markéta a Filip chtějí jet na výlet do Brna.
3. Odkud jste? – Jsem z Tokia.
4. Karel a Filip jsou z Prahy.
5. Náš tatínek pracuje u pana Nováka.
6. To je nové auto toho studenta.
7. Babička hledá tašku, protože bez ní nemůže jít na poštu.
8. Profesorka Nová je velmi přísná, a proto se jí bojíme.

第 15 課

練習 1
1. mlékem
2. vlakem
3. slečnou Markétou
4. tím kinem
5. černou tužkou
6. velkým domem
7. metrem
8. tou moderní bankou

練習 2 1. Co dělala Eliška?
2. Cestovali jsme autobusem. / Cestovaly jsme autobusem.
3. Pan Novák bydlel nad námi.
4. Rád jsem plaval.

練習 3 1. きのうマルケータとフィリップは列車でチェスキー・クルムロフへ行きました。
2. 誰とどこへ遠足に行ったの？
3. ノヴァーコヴァーさんは手紙をボールペンで書いています。
4. 以前私は図書館へよく通いました。
5. 大学へは地下鉄で通っているの、それともバスで？

練習 4 1. Dříve jsme bydleli v tomhle bytě.* / Dříve jsme bydlely v tomhle bytě.*
   *文語的な v tomto bytě とすることもできます。また、bytu もありえますが、bytě の方がはるかに多く見られます。

2. Co jste dělal včera? – Pracoval jsem na zahradě. / Co jste dělala včera? – Pracovala jsem na zahradě. / Co jste dělali včera? – Pracovali jsme na zahradě. / Co jste dělaly včera? – Pracovaly jsme na zahradě.
3. Můj kamarád pracoval v téhle bance.** / Moje kamadádka pracovala v téhle bance.**　　　**文語的な v této bance とすることもできます。
4. Profesor Nový přednášel o české literatuře.
5. Dříve jsem často navštěvoval Brno. / Dříve jsem často navštěvovala Brno.
6. Za hlavním nádražím je hotel.
7. Babička vypadala dobře.
8. Před městskou knihovnou čekal Filip.

■ 第 16 課

練習 1
1. vám
2. panu Čapkovi
3. tomu oknu
4. modernímu umění
5. profesorce Novákové
6. hlavní poště
7. slečně Elišce
8. téhle knihovně

練習 2
1. Kde byl Filip?
2. Šli jsme do školy. / Šly jsme do školy.
3. Teta něco pletla.
4. Ráda jsem četla.
5. Syn špatně spal.
6. Často jsme se na něco ptali profesora Nováka. / Často jsme se na něco ptaly profesora Nováka.
7. Markéta a Filip pili kávu.
8. Chtěli jsme cestovat po celém světě. / Chtěly jsme cestovat po celém světě.

練習 3
1. フィリップはマルケータが好きですが、たぶん彼女のことがわかっていません。
2. きのうは宿題がありませんでした。
3. そのホテルの向かい側に銀行がありました。
4. 私はヤナおばさんが好きで、よく訪ねに行きます。

練習 4
1. Včera pršelo celý den, a proto jsem doma poslouchal rádio. / Včera pršelo celý den, a proto jsem doma poslouchala rádio.

2. Komu píšete dopis? – Kamarádu Filipovi.
3. Nerozumíme dobře modernímu umění.
4. Dříve tady byla městská knihovna.
5. Syn nerad jedl zeleninu.* / Syn nejedl rád zeleninu.*

*語順を入れ替えて ... jedl nerad... ともいえます。

6. Chtěl jsem si koupit nový mobil. / Chtěla jsem si koupit nový mobil.

応用と実践 3

練習 2
1. češtiny
2. metrem
3. sešitě* *sešitu も正解です。
4. výlet, Tokia
5. velkého stolu
6. oknem
7. sobě
8. večera

Track 55 **練習 3**
1. Pracoval jsem na zahradě. / Pracovala jsem na zahradě.
2. Něco maloval.
3. Pili jsme víno a poslouchali jsme hudbu.*

*接続詞 a の前後が同じ主語なので、後ろの jsme は省略されることもあります。
Pili jsme víno a poslouchali hudbu. でもかまいません。

練習 4
日本の学生、正志の１日

僕はよく学校に遅刻しますが、今日は間にあいました。英語の試験がありました。難しい試験でしたが、うまく書けたと思います。試験の後カレルとお昼ごはんに行きました。カレルはプラハから来た学生で、この大学で日本文学を専攻しています。僕は日本語の面で彼を助けています。お昼ごはんを食べながら二人で鎌倉への遠足の計画を立てました。午後は講義がありましたが、先生が講義をしているときに寝てしまいました。夜はウェイターとして働いて、家に帰ってきたのはかなり遅くなってからのことでした。寝たかったのですが、できませんでした。まだ宿題があったからです。朝まで書いていました。

第 17 課

練習 1
1. tímhle turistou
2. panem Smetanou
3. nového předsedu
4. tomuto kolegovi
5. tom klavíristovi
6. Honzy Nováka

練習 2
1. この黒い自転車をいただきます。
2. 私たちは大勝利をおさめました。
3. 明日の天気はどうでしょうか。

4. 私たちは新しい議長を選出しました。
   5. 息子は日本文学を専攻することでしょう。
   6. 私は宿題を忘れてしまいました。
   7. 私たちは部屋を借りて東京で暮らし始めました。
   8.「休暇中はどこにいたの」
     「箱根だよ」
     「よく休んだ？」
     「うん、でも次の休暇が待ち遠しい」

練習 3 1. Jak často se vracíte domů?
   2. Vezmu si ten velký slovník.
   3. Když Markéta přišla domů, začala číst knihu.
   4. Příští týden si pronajmeme auto.
   5. Víte něco o tom českém klavíristovi?

第 18 課

練習 1 1. hlavní inženýři   4. ti učitelé
   2. nové knihy   5. tahle okna
   3. malá náměstí   6. čeští klavíristé

練習 2 1. toho chlapce   4. Tomášovi
   2. dobrým lékařem   5. tom učiteli
   3. strýce   6. otci

練習 3 1. きのうそこで交通事故がありました。
   2. 中庭で犬が駆けまわっています。
   3. すみません、雑誌はどこで売っていますか。
   4.「そのピアニストたちはどこの出身ですか」「チェコ共和国です」
   5. 観光客はよくこの城を訪れます。
   6. 私は車をレンタルしてチェスキー・クルムロフへ行きます。

練習 4 1. Zapomněl jsem jméno toho učitele.* / Zapomněla jsem jméno toho učitele.*   * jméno té učitelky でも正解です。
   2. Dědečci tam sedí a kouří.
   3. Zítra půjdu do knihovny.
   4. V Japonsku jsou byty velmi drahé.
   5. Před parkem stojí auta.
   6. Kam pojedete na dovolenou? – Asi pojedu do Hakone. / Asi pojedeme do Hakone.

7. V té firmě pracují Češi.
8. Promiňte prosím, kde se prodávají propisky?

第 19 課

練習 1
1. dopravní nehody
2. malá náměstí
3. české studenty
4. tyhle stroje
5. ty vstupenky
6. ta jména

練習 2
1. tom nástroji
2. různé počítače
3. tom pokoji
4. ten koberec

練習 3
1.「絨毯に乗って飛んでいる男の人を見たよ」「まさか（それが本当だとはありえない）」
2. おじいさんは耳が悪かったのでお医者さんに通わなくてはなりませんでした。
3.「もしもし」
「こんにちは、フィリップです」
「ごめんなさい、よく聞こえません。どちらさまですか」
「フィリップです。フィリップ・ノヴァークです。マルケータと話せますか」
「こんにちは、フィリップ……マルケータ！あなたによ！」

練習 4
1. Měl jsi poslouchat tu přednášku. / Měla jsi poslouchat tu přednášku.
2. Na dvoře se nesmí hrát fotbal.
3. To může být dobrá kniha, ale nemůžu si ji koupit, protože je moc drahá.
4. Myslím si, že nemusím jít k lékaři.
5. Filip má různé počítače.
6. Musíte si dobře odpočinout.

第 20 課

練習 1
1. velkých stolů
2. těch knihkupectví
3. psacích strojů
4. historických památek

練習 2
1. zahraničních firmách
2. těchhle ulicích
3. nových učitelích
4. starých náměstích

練習 3
1.「マルケータ、今日時間ある？」「ほとんどないの。レポートを書いてしまわなくてはならないの」
2. おじさんは普段このレストランで夕食をとります。

3. 私は外国にいる日本人に関する本を読みました。

4. 私はイギリスへ行って英文学を研究しました。

練習 4
1. Hledám práci. Nechci žít na ulici.
2. Promiňte prosím, kde se prodávají šálky a sklenice?
3. Eliško, máš dnes čas? Nechceš jít s námi do kina?
4. Na téhle fakultě studuje hodně cizích studentů.*

   *「この学部」の「この」は文語的な této とすることもできます。また、hodně のかわりに mnoho を用いてもかまいません。

5. Zítra napíšu tento referát** a pojedu na dovolenou.

   **口語的な tenhle referát とすることもできます。

応用と実践 4

練習 2
1. měsícem
2. nových slov
3. cizích turistech
4. ty chlapce
5. tomhle počítači

練習 3
1. Půjdu na procházku se psem.
2. Přijde k nám a bude pomáhat babičce.
3. Odpočinu si doma.

練習 4
Můj bratr jel do Anglie. Chci vědět, co dělá, ale vždycky píše o knihách nebo filmech.

練習 5

私の新しい仕事

　私は長いことおもしろい仕事を探しており、最近とうとう見つけました。とてもうれしかったです。でも、もしその仕事を引き受けると、イギリスで働くことになります。恋人は一緒に行ってはくれないでしょう。ここで素敵な職をもっているからです。彼女は教師として働いていて、その仕事に満足しています。どうすべきか考えていましたが、時間は充分にはありませんでした。そこで今朝車を借りてヤナおばさんのところへ出発しました。何か助言してくれるといいなと思ったのです。

　おばさんのところに着いてみると、おばさんはばらでいっぱいの庭で働いていました。私が挨拶すると、おばさんは私に微笑みかけました。彼女が満足していることが分かりました。楽しいことをしているからです。

　家に帰ったら何をするか、今は分かります。

第 21 課

練習 1
1. velkým oknům
2. mým sešitům
3. novým počítačům
4. českým restauracím

練習 2
1. dobrými přáteli
2. mladými dívkami
3. tvými synovci
4. starými auty

練習 3
「フィリップ、休みの間何をするつもりなの」
「日本へ行きたいんだけど、お金がほとんどないんだ。働かなくてはならないだろうね。君はどうするの」
「イギリスへ行って、英語を勉強するの」
「どこに住むつもり？どこかのホテル？」
「ううん、イギリスには兄が働いている。だから兄のところに住むつもり」
「帰ってきたら、英語がとても上手に話せるようになっているんだろうね」

練習 4
1. Tvoje informace nám pomáhají.
2. Pozvali mě na večírek a tam jsem se setkal s anglickými studenty. / Pozvali mě na večírek a tam jsem se setkala s anglickými studenty.
3. Musel jsem telefonovat kamarádům.* / Musela jsem telefonovat kamarádům.*

　　　＊přátelům や女性を表わす kamarádkám, přítelkyním でもかまいません。

4. Univerzitní knihovna byla plná studentů.
5. Jsme spokojení se svou prací.
6. Věřím svým studentům.
7. Tatínek čte noviny každé ráno.
8. Ty brýle Filipovi sluší.

第 22 課

練習 1
1. studentské koleje
2. lidových písních
3. našimi neteřemi
4. mé posteli

練習 2
1. Čti. Čtěte. Čtěme.
2. Začni. Začněte. Začněme.
3. Otevři. Otevřete. Otevřeme.
4. Nekuř. Nekuřte. Nekuřme.
5. Nespi. Nespěte. Nespěme.
6. Udělej. Udělejte. Udělejme.
7. Neboj se. Nebojte se. Nebojme se.
8. Pracuj. Pracujte. Pracujme.

練習 3
1.「試験に受からなかった。どうしたらいいか、いってくれ」
　「休み中毎日勉強しなよ」
2.「フィリップはどこ？」
　「家にいるよ。一日中ベッドに横になっている」

「どうかしたの？」
「それは分からない。自分で訊いてごらん」

練習 4
1. Dopoledne jsem hrál s neteří tenis. / Dopoledne jsem hrála s neteří tenis.
2. Nebojte se tohohle psa.*　　*文語的な tohoto psa とすることもできます。
3. Tramvaje jezdí po městě.**　　**po městu もありますが、語尾 ě の方がずっと多く見られます。
4. Kup mi tohle kolo***!　　***文語的な toto kolo とすることもできます。
5. Profesor Nový zná mnoho**** lidových písní.
　　　　　　　　　　　　　　****hodně とすることもできます。
6. Dříve neteř bydlela u nás, ale teď bydlí na studentské koleji.*****
　　　　　　　　　　*****ve studentské koleji としてもかまいません。
7. Viděl jste naši babičku? / Viděla jste naši babičku?
8. Otevřete prosím okno na zahradu.

第 23 課

練習 1
1. tu noc
2. všední dny
3. dobré paměti
4. celými týdny
5. malé kosti
6. velkou radostí

練習 2
1. Dal jsem si spravit kolo, na kterém jezdím na fakultu.
2. Tahle dívka, která má červené šaty a nosí brýle, běhá velmi rychle.
3. Pronajal jsem si byt, o kterém jste mluvili.
4. Proč sis nekoupil knihu, kterou jsi chtěl?

練習 3
「ノヴァークさん、一緒にコンサートに行きたくありませんか。イギリスのピアニストが演奏します」
「喜んで（まいります）」

練習 4
1. Od koho jsi dostal tu zprávu? / Od koho jsi dostala tu zprávu?
2. Dříve jsem jezdil na fakultu metrem, ale teď jezdím na kole, které mi koupil otec. / Dříve jsem jezdila na fakultu metrem, ale teď jezdím na kole, které mi koupil otec.
3. Mé tetě můžete věřit. Má dobrou paměť na jména.
4. Víte, proč nepřišel Filip?
5. S radostí vám pomůžu.
6. Dnes Tomáš nemá svůj den.
7. To není tvoje věc. Dej mi pokoj!

第 24 課

練習 1
1. šesti měsíců
2. dvou motorkách
3. devíti bratrancům
4. jednu růži
5. deseti dní / desíti dní*
6. sedmi novými tužkami
7. čtyři hezké dívky
8. dvou malých náměstích
9. pěti velkým bankám
10. mnoha vstupenkami

　*dní を dnů とすることもできます。

練習 2
「おじいちゃん、孫は何人いるの」
「おまえはいくつなんだい。もう数えられるの」
「できるよ。10 歳だもん」
「じゃあ、いとこが何人いるかもう知っているだろうね」
「1、2、……いとこは 7 人いるよ」
「7 足す 1 は 8。孫は 8 人いる」

練習 3
1. Na téhle univerzitě * je osm fakult.

　　　　　　　　　*文語的な Na této univerzitě も正解です。

2. Dědeček často zapomíná deštník, a tak jich má doma deset.
3. V tomhle městě** je několik japonských restaurací.

　　　　　　　　　**文語的な V tomto městě も正解です。

4. Na stole ležely dvě knihy a tři tužky.
5. Pomohl jsem třem neteřím s domácími úkoly. / Pomohla jsem třem neteřím s domácími úkoly.
6. Pozdravte ode mě babičku.***

　***本文にはでてきませんが、不完了体の pozdravovat を用いて、Pozdravujte ode mě babičku. の方がずっとよく見られます。

応用と実践 5

練習 2
— Kdo je ten chlapec, který tam stojí?
— Masaši. Vždycky nosí na zádech těžký batoh, a proto často chodí pozdě.
— Ale je dobré mít věci, které potřebuješ.
— Nemáš pravdu. Když jsme byli na výletě v Kamakuře, zapomněl doma peníze. Začalo pršet, ale neměl deštník.
— Co má v tom batohu? Zeptejme se.

練習 3
　　　　ホンザが以前住んでいたところと今住んでいるところ
ホンザがプラハで勉強していたころ、おばさんのところに住んでいま

した。おばさんには娘が二人いました。大学の近くにある大きくて美しい部屋に住めて、学部へ歩いて行けたので喜びました。時間があるときは、いとこたちの宿題を手伝い、いっしょにチェスをしました。二人ともチェスが強かったのですが、ものすごいおしゃべりで、そのためホンザはときどき頭痛がしました。

　今ホンザは会社勤めをしていて一人で小さなアパートに住んでいます。ここへおばさんのところから机、椅子、ベッドといくつかの私物を運びこんできました。これでさしあたりは間にあいます。お金が充分できたらそのときに何か家具を買うつもりです。職場へはバスと地下鉄で通わなくてはなりませんが、それでもいつも求めていたプライヴァシーがあるのでうれしく思っています。でも、どうしてホンザは毎日おばさんといとこたちに電話をするのでしょう。多分、さみしいのでしょうね。

■ 第 25 課

練習 1
1. Je jedenáct pět.
2. Ve tři třicet.
3. Bylo osm čtyřicet pět.
4. V šest čtyřicet.

練習 2
1. parkovišti
2. moře
3. zajímaví lidé
4. toho člověka.

練習 3
1. To by nebylo špatné.
2. Mohl bych tady kouřit? / Mohla bych tady kouřit?
3. Měl by sis vzít dovolenou. / Měla by sis vzít dovolenou.
4. Dali bychom si kávu. / Daly bychom si kávu.

練習 4
「きのうはスメタナ教授の講義に出たんだよ」
「何人いた？」
「講義が始まったときには大体50人いた。終わったときには13人しかいなかった」

練習 5
− Kolik je teď hodin?
− Čtyři čtyřicet.
− Chtěla bych být doma v pět.
− Až napíšete tenhle úkol, můžete se vrátit.

■ 第 26 課

練習 1
1. aby dcera klidně spala.
2. abych tě dobře viděl. / abych tě dobře viděla.
3. abych se stal lékařem.

4. abyste na nic nezapomněl. / abyste na nic nezapomněla. / abyste na nic nezapomněli. / abyste na nic nezapomněly.

練習 2 1. Kdyby měli dost peněz, cestovali by po celém světě. / Kdyby měly dost peněz, cestovaly by po celém světě.
2. Kdyby nepršelo, šli bychom na procházku. / Kdyby nepršelo, šly bychom na procházku.
3. Kdybyste neměl svůj byt, nemohl byste mít soukromí. / Kdybyste neměla svůj byt, nemohla byste mít soukromí. / Kdybyste neměli svůj byt, nemohli byste mít soukromí. / Kdybyste neměly svůj byt, nemohly byste mít soukromí.
4. Kdyby ses hodně učil, přijali by tě na univerzitu. / Kdyby ses hodně učila, přijali by tě na univerzitu.

練習 3 1.「私たちのガイドさんはどこにいますか」
「あそこですよ。劇場の前に立ってたばこを吸っている人です」
「何時にホテルへ行くかいいましたか」
「5時半です」
2.「お金がたくさんあったら、何をする？」
「世界中を旅行するだろうな。君なら何をする？」
「私はきれいな庭のある家を買うな」

練習 4 ― Markéto, máš dnes večer čas? Nechceš jít s námi do kina?
― Chtěla bych, ale večer musím pracovat.
― Proč? Chceš si něco koupit?
― Ne. Pracuju, abych mohla studovat na univerzitě. Kolik je teď hodin?
― Je půl páté.
― Už musím jít. Ahoj.

第 27 課

練習 1
1. děti
2. všemi
3. kuřata
4. koťat
5. všech
6. dětí

練習 2
1. patnáctého září
2. dvacátého šestého* listopadu   *šestadvacátého も正解です。
3. třicátého května
4. Čtyřiadvacátého** července   **Dvacátého čtvrtého も正解です。

練習 3「休みには何をするの？」

「7月はレポートを2本書き上げなくてはならないし、多分働くと思う」
「じゃあ、8月は？」
「まだわからない」
「いっしょにブルノへ行きたくない？そこに甥が住んでいて、19日か20日ごろ彼のところへ行こうと思って」
「喜んで」

練習 4 Včera jsem dostala koťata. Obě jsou černá a pijí hodně mléka. Chci si s nimi hrát, ale ona jen spí.

第 28 課

練習 1
1. osmdesát dva*　　　＊dvaaosmdesát も正解です。
2. tisíc pět set
3. tisíc osm set sedmdesát pět
4. devatenáct set sedmdesát dva＊＊
5. dva tisíce pět　　　　　＊＊tisíc devět set sedmdesát dva も正解です。

練習 2
1. běhá / běhal
2. půjde / jde＊　　＊確実に実現されるはずの近未来は現在形でも表します。
3. nese
4. chodí / chodil / bude chodit
5. letí

練習 3
1. 「すみません、この黒いバッグはおいくらですか」
「1289コルナです」
「それほど高くないしきれいね。これいただきます」
2. 私は大きな町の中心に住んでいます。ここではたくさんのコンサートや展覧会が開かれます。いろいろな場所へ歩いて行けるのでうれしいです。職場へも毎日徒歩で通っています。

練習 4 V roce 1976 (devatenáct set sedmdesát šest) odjel strýc do Anglie. Studoval tam a teď pracuje. Občas mu telefonuji, ale dlouho jsem ho neviděla / neviděl.

応用と実践 6

練習 2
－ Co je dnes za den?
－ Úterý.
－ Do soboty je ještě daleko. Kdyby byla dnes sobota, spal / spala bych celý den.

— Máš pravdu. Včera i dnes jsme měli hodně práce. Až přijdu večer domů, nebudu nic dělat a půjdu spát.

練習 3

カレルと正志

月曜日の夜に帰宅すると、ドアの前に日本の友人の正志が座っていました。彼にはもう1年位会っていませんでした。正志は、驚かせたかったから前もって何もいわなかったんだ、といいました。私は訊きたいことがたくさんありましたが、正志は疲れていてすぐに寝てしまいました。

火曜日、水曜日、木曜日は友人にプラハを見せてあげる時間が充分ありませんでした。来ると知っていたら、休みを取ったのに。でも、正志はそんなことにかまわず、地図を持って一人で町を歩き回っていました。

金曜日の夜、二人でビールを飲みに行きました。おもしろいことに、チェコ語は「アホイ！」しかできないのに、それでも正志は居酒屋ですぐに何人かの友達ができていました。

土曜日の朝、5時15分に正志は空港へ出発しました。そして、今日、日曜日、僕は一日中家にいて彼のことを考えています。プラハがとても気に入ってくれたことと思います。

第29課

練習 1
1. rychleji
2. pomaleji
3. dražší
4. nejvíce
5. horší
6. nejmladší

練習 2
フィリップ「こっちに誰か男の人がやってくる。知ってる？」
ミラン「うん、ノヴィー教授だよ」
フィリップ「あの、僕たちの大学で一番厳しい教授？」
ミラン「たくさんの学生が先生のことをそう考えていることは知っている。でも、厳しくないよ……こんにちは、先生」
ノヴィー教授「こんにちは。あなたのレポートはとてもよかったです。みんなの中で一番よく書けていました。では、さようなら」
ミラン「ありがとうございます、先生、さようなら。厳しくないでしょ」
フィリップ「君には厳しくないよ。一番よくできる学生なんだから」

練習 3
— Dnes jsem spal déle než obvykle, a proto jsem přišel pozdě na přednášku.
— Měl jste včera hodně práce?
— Ano. Pracoval jsem celý den.
— Měl byste pracovat méně.

― To vím, ale nedá se nic dělat.

第 30 課

練習 1
1. Tahle škola byla založena v 19. století.
2. Muzeum je navštěvováno 300 lidmi za den.
3. Markéta byla překvapena, když dostala dopis od rodiny.
4. Restaurace byla zavřena.

練習 2
1. čtená
2. zapomenutý
3. posílané
4. ztracené
5. skončené
6. spraveným
7. pronajatém
8. udělanými

練習 3
1. 「これは私たちの父が働いている会社です」
「創立はいつですか」
「19世紀にはもう創立されたといわれています」
2. 「私の眼鏡がどこにあるか知らない？」
「コンピューターのそばで見たよ」
「それは探している眼鏡ではないよ。読書用の眼鏡を探しているんだ」
「その眼鏡だったら書き物机の上にあるわよ」

練習 4
― Filipe, můžu jet do školy na tvém kole? Dal jsem si svoje spravit.
― Tvoje kolo je už spravené. Stojí před domem.

第 31 課

練習 1
1. nohou / nohách
2. uším
3. rukou / rukách
4. ramenou
5. oči
6. nohou*

＊「足もとに（横たわっている）」は (ležet) u nohou といい、noh は使いません。

練習 2
1. strýcova
2. Eliščin
3. profesorovu
4. Tomášovy
5. Karlově
6. babiččině
7. Markétinými
8. kolegovu

練習 3
「昨日、トヨタで働いているフィリップのいとこと知り合いました」
「何という名前ですか」
「カレルです」
「多分、知っていると思います。カレル大学で日本文学を学んでいた人でしょう」
「世間はなんと狭いのでしょう！」

練習 4
- Kdo je ta mladá dívka? Má hezké nohy.
- To je Markéta.
- Sluší jí modré šaty. Má také modré oči. Víš, jestli má přítele?
- Ano. To jsem já.

第 32 課

練習 1
1. otevřenýma očima
2. troje
3. oběma rukama
4. dvoje

練習 2
1. Pronajali jsme si auto, jímž jsme jeli do Českého Krumlova.
2. Eliška koupila knihu, o níž se píše v novinách.
3. Ten pán, s nímž jste se seznámila na večírku, je kamarád ze školy.
4. Jak se jmenují ty děti, jež zpívají?

練習 3 ペトル・ノヴァークは銀行で働いています。毎日とても忙しいにもかかわらず、よくコンサートに行きます。昨日も長い間楽しみにしていたコンサートに行きました。コンサートはとても気に入り、家に帰るとすぐに友人のホンザに手紙を書きました。ホンザもまた音楽が好きなのです。

練習 4 Markétin přítel Filip je student. O prázdninách hrál každý den tenis a plaval. Na podzim neudělal zkoušky ani z angličtiny, ani z anglické literatury, ale dělá, jako by se nic nestalo.

応用と実践 7

練習 2
1. Vánocemi
2. Markétinými rodiči
3. otcově kanceláři
4. těmi dvěma budovami
5. profesorově přednášce

練習 3
1. Tuhle knihu vrátili minulý týden.
2. Problém už vyřešili.
3. Kancelář dnes zavřeli v osmnáct hodin.
4. Hrad navštěvuje mnoho lidí.

練習 4
1. Koupím si kravatu, jež mi bude slušet.
2. Dívky, s nimiž jste se seznámil na večírku, jsou dcery profesora Nováka.
3. Markéta dala svoje věci do tašky, již nosí každý den.
4. To jsou počítače, o nichž jsem četla v časopise.

練習 3 　私は１人で村で暮らしています。田舎暮らしは退屈だという人は間違っています。私は生まれたこの家が好きで、ここではいつも何かすることがあります。それに加えて甥がかわるがわる訪ねてきては助言を求めてきます。
　私には３人の甥がいます。一番年上のトマーシュは姉の息子です。以前は会社勤めをしていましたが、最近仕事を変えてイギリスへ行きました。彼の弟のカレルは今年カレル大学を卒業し、９月から働き始めました。今のところ一番心配なのは、弟の息子のフィリップです。かわいくて心根のいい子なのですが、少々怠け者で軽率だといわざるをえません。陽気なたちで、この点は父親に似ています。フィリップと話していると弟をよく思い出します。フィリップは試験に落ちて恋人と別れたと聞きました。明日うちにやって来るので、どう考えているのか、どう生きたいのか知りたいと思います。

■ 最終確認テスト

I
1. tím výtahem
2. moderní restauraci
3. čeští turisté
4. univerzitní knihovny
5. října, letišti
6. studentské koleji
7. několika staletími
8. nudnou schůzi / nudných schůzí＊
　＊hodně を「すごく」という意味にとれば、単数形もありえます。
9. tři psy
10. těch novinách
11. metrem, tramvají
12. japonským uměním
13. Mé / Mojí dceři, šest let
14. otevřenými ústy

II
1. nám
2. vás
3. ní
4. mi
5. něho / něj

III
1. Markéta nebyla doma.
2. Odpověděl jsem na všechny otázky. / Odpověděla jsem na všechny otázky.
3. Mohli jsme tam přijít včas. / Mohly jsme tam přijít včas.
4. Filip často telefonoval Markétě.
5. Ti chlapci rádi hráli tenis.

Ⅳ
1. Ukážu svým studentům tu knihu.
2. Ve středu půjdeme na procházku.
3. Budeš se učit česky?

Ⅴ
1. Ať mi poradí teta Jana.
2. Ať ke mně přijdou vaši rodiče.
3. Ať synové umyjí všechna okna.

Ⅵ
1. Mohl bys mi ukázat ten počítač? / Mohla bys mi ukázat ten počítač?
2. Kdyby přišel Honza na večírek, byl by to hezký večer.
3. Kdybych se stal klavíristou, cestoval bych po celém světě.
4. Chtěl bych si dobře odpočinout. / Chtěla bych si dobře odpočinout.

Ⅶ
1. ヤナおばさんは遠ざかる列車を見ていました。その列車には甥が乗っていました。
2. パーティーでエリシュカはとても似合う黒いドレスを着ていました。
3. 明日休みたいのなら、今仕事にとりかかりなさい。
4. 私が家に着く前に、夫はもう家にいて私を待っていました。
5. 私たちのガイドさんは、列車は15分遅れているといいました。

Ⅷ
1. Ta škola byla založena před 50 lety.
2. Ten plán je už zapomenut.
3. Všechna okna byla umyta.
4. Dcera byla přijata na univerzitu.
5. Peníze nám jsou posílány pravidelně.

Ⅸ
1. b) 2. c) 3. b) 4. c) 5. a)

Track 96 ▶ CDの内容

Já jsem Lenka Nováková. Je mi dvacet osm let a bydlím v Českém Krumlově. Dříve jsem pracovala v japonské firmě, ale teď už nepracuju, protože mám malé děti. Dceři Terezce jsou tři roky a synovi Honzíkovi je jen šest měsíců. Můj manžel Milan je o pět let starší než já a pracuje v tomhle městě jako průvodce. Má rád svou práci a zná všechny památky.
Zítra má volno, a tak pojedeme do Prahy, kde bydlí moji rodiče. Terezka se už těší na dědečka a na babičku a já mám trochu strach, protože to bude Honzíkova první cesta vlakem.

Kde bydlí Lenka?   Kam pojedou zítra?
Kolik let je Lenčinu manželovi?   Kdo tam bydlí?
Kolik dětí má Lenka?

チェコ語・日本語語彙集

数字は初出の課数を、§は「応用と実践」の番号を示す。

a

- a そして ······ 01
- a proto だから ······ 14
- a tak だから、それで ······ 20
- aby ～するために ······ 26
- ačkoli ～にもかかわらず ······ 32
- ahoj やあ、またね ······ §1
- ale しかし ······ 08
- anglicky 英語で ······ 10
- anglický イギリスの、英語の ······ 11
- angličtina 囡 英語 ······ 11
- Anglie 囡 イギリス、イングランド ······ 20
- ani ～も（ない）······ 32
- ano はい ······ 01
- antikvariát 男 古書店、古本屋 ······ 20
- asi たぶん、約 ······ 16
- ať ～するように ······ 23
- auto 中 車 ······ 02
- autobus バス ······ 02
- až ①～まで ······ §3
- ②（～の）とき ······ §4

b

- babička 囡 おばあさん ······ 10
- banka 囡 銀行 ······ 12
- bát se 不完 恐れる、怖い ······ 14
- batoh 男 リュックサック ······ 07
- bavit 不完 楽しませる ······ §4
- běhat 不完 走る ······ 09
- bez +2 ～なしの、～のない ······ 14
- běžet 不完 走る ······ 28
- bílý 白い ······ 32
- blízko(+2) 比：blíže 近くに ······ §5
- blízký 比：bližší 近い ······ 29
- bolet 不完 痛い、痛む ······ §5
- bratr 男 兄、弟 ······ §1
- bratranec 男 いとこ ······ 24
- brigáda 囡 奉仕活動、アルバイト ······ 32
- Brno 中 ブルノ（町の名）······ 14
- brýle 囡複 眼鏡 ······ 21
- brzy すぐに、たちまち ······ §6
- březen 男 3月 ······ 27
- budoucí 未来の ······ 32
- by ～であろうに、～なのだが ······ 25
- bydlet 不完 住む、宿泊する ······ 12
- byt 男 住居、アパート ······ 13
- být 不完 ～だ、ある、いる ······ 05
- bývat 不完 よくある、よく起こる ······ 31

c

- celý 全部の、全体の ······ 13
- centrum 中 中心、中心地 ······ 28
- cesta 囡 道、旅行 ······ 28
- cestovat 不完 旅行する ······ 13
- cítit 不完 感じる ······ 19
- cizí 外国の、見知らぬ ······ 19
- co 何 ······ 01
- co za +4 どんな ······ §6

č

- čaj 男 お茶 ······ 19
- Čapek 男 チャペック（姓）······ §1
- čas 男 時間 ······ 20
- časopis 男 雑誌 ······ 12
- často しょっちゅう、よく ······ §2
- čau やあ、またね ······ §1
- Čech 男 チェコ人 ······ 05
- čekat 不完 (na +4) 待つ ······ 09
- černý 黒い ······ 14
- červen 男 6月 ······ 27
- červenec 男 7月 ······ 27
- červený 赤い ······ 22
- český チェコの、チェコ語の ······ 11
- Český Krumlov 男
  チェスキー・クルムロフ（町の名）······ 15
- Češka 囡 チェコ人 ······ 05
- čeština 囡 チェコ語 ······ 11
- čí 誰の ······ 07
- číst 不完 読む、読書をする ······ 12

チェコ語	日本語訳	頁
číšník 男	ウェイター	16
člověk 男	人間、人	25
čtrnáct	14	25
čtrnáctý	14番目の	27
čtvery	4	32
čtvrt	4分の1、15分	§6
čtvrtek 男	木曜日	§6
čtvrtý	4番目の	26
čtyři	4	24
čtyřicet	40	25

d

チェコ語	日本語訳	頁
daleko 比: dále	遠くに	29
dát 完	与える、あげる	22
dát se 完 (do +2)	はじめる、とりかかる	23
dát se 完・不完	できる	23
dát si 完	飲み物や食べ物を注文する	23
dávat 不完	与える、上映・上演する	13
dcera 女	娘	09
dědeček 男	おじいさん	10
děkuji vám	ありがとうございます	§1
dělat 不完	する、作る	09
déle	より長く	29
delší	より長い	29
den 男	日、日中	16
desátý	10番目の	26
deset	10	24
deštník 男	傘	09
devadesát	90	28
devatenáct	19	25
devatenáctý	19番目の	27
devátý	9番目の	26
devět	9	24
díky	どうも	§1
dítě 中	子ども	27
divadlo 中	劇場、演劇	24
dívat se 不完	見る	32
dívka 女	少女、女の子	§1
dlouho 比: déle	長く、長い間	19
dlouhý 比: delší	長い	29

チェコ語	日本語訳	頁
dnes	今日	12
do +2	～(の中)へ・に	14
dobré ráno	おはようございます	§1
dobrou noc	おやすみなさい	§1
dobrý	いい、おいしい	03
dobrý den	こんにちは	§1
dobrý večer	こんばんは	§1
dobře	よく、上手に	10
doma	家に・で	05
domácí	国内の、家庭の	16
domů	家へ・に	§3
dopis 男	手紙	12
dopoledne	午前に	§3
dopravní	交通の	18
dosáhout 完	(+2) 達する	17
dost	かなり、充分に	§3
dostat 完	受け取る	23
doufat 不完	(～であると) いいと思う、希望する	19
dovolená 女	休暇	17
drahý 比: dražší	(値段が) 高い	18
druhý	2番目の、他の、次の	26
dříve	以前	15
duben 男	4月	27
dům 男	家、アパート	15
dva	2	24
dvacátý	20番目の	27
dvacet	20	25
dvanáct	12	25
dvanáctý	12番目の	26
dveře 女複	ドア	22
dvoje	2	32
dvůr 男	中庭	12
dýl	より長く (口語)	29

e

チェコ語	日本語訳	頁
Eliška 女	エリシュカ(女の人の名)	03

f

チェコ語	日本語訳	頁
fakulta 女	学部	20
Filip 男	フィリップ (男の人の名)	05
film 男	映画	03

241

firma 女 会社	18
fotbal 男 サッカー	12
fungovat 不完 機能する	29

h

hezký 比：hezčí きれいな、すばらしい	§2
historický 歴史的な	19
hlad 男 飢え	22
hlava 女 頭	§5
hlavní 主な、主要な	04
hledat 不完 探す	09
hodina 女 時間、～時	25
hodně たくさん	19
Honza 男 ホンザ（Jan の愛称形）	17
horší より悪い	29
hospoda 女 パブ、居酒屋	§6
hotel 男 ホテル	13
hrad 男 城	18
hrát 不完 ①（na +4）演奏する	11
②（スポーツを）する	12
hrát si 不完 遊ぶ	27
hudba 女 音楽	09
hudební 音楽の	19
hůř より悪く（口語）	29
hůře より悪く	29

ch

chladno 寒い	31
chlapec 男 少年、男の子	§1
chodit 不完 （歩いて）通う	15
chodívat 不完 よく通う	31
chtít 不完 欲しい、～したい	13
chvíle 女 瞬間、一瞬	§6
chytrý 利口な、頭のいい	29

i

i ～も	§5
i když ～にもかかわらず	§5
informace 女 情報	21
inženýr 男 技師	04
inženýrka 女 技師	06

j

já 私	06
jak いかに、どのように	10
Jak se máš? 元気？	§1
Jak se máte? お元気ですか。	§1
jako ～として	11
jako by まるで～であるかのように	32
jaký どんな	04
Jan 男 ヤン（男の人の名）	§1
Jana 女 ヤナ（女の人の名）	§1
Japonec 男 日本人	§1
Japonka 女 日本人	§1
Japonsko 中 日本	14
japonský 日本の、日本語の	§3
japonština 女 日本語	§3
jaro 中 春	31
jazyk 男 言語	11
je → být	
jeden 1	24
jedenáct 11	25
jedenáctý 11番目の	26
jeho 彼の、その	08
její 彼女の、その	08
jejich 彼らの、彼女らの、それらの	08
jen ～のみ、だけ	16
jenž ～というもの	32
jestli もし、～かどうか	13
ještě まだ	08
jet 不完 （乗り物で）行く	14
jezdit 不完 （乗り物で）通う	15
jíst 不完 食べる	13
jít 不完 （歩いて）行く	14
jméno 中 名前	18
jmenovat se 不完 ～という名前だ	11

k

k +3 （～の）方へ	16
kam どこへ・に	14
kamarád 男 友人	§1
kamarádka 女 友人	§1
kancelář 女 事務所	32

Karel 男 カレル（男の人の名）	09
káva 女 コーヒー	02
každý それぞれの、毎〜	21
kde どこで・に	05
kdo 誰	§1
kdy いつ	23
kdyby もし	26
když （〜の）とき	§2
kino 中 映画館	01
klavír 男 ピアノ	11
klavírista 男 ピアニスト	17
klidně 静かに、平安に	10
kniha 女 本	01
knihkupectví 中 書店、本屋	20
knihovna 女 図書館、本棚	08
koberec 男 絨毯	19
kočka 女 猫	09
kolega 男 同僚	17
kolej 女 寮、線路	22
koleno 中 膝	31
kolik いくつ、いくら	24
kolikátý 何番目の	27
kolo 中 自転車	01
konat 不完 おこなう	28
koncert 男 コンサート	22
konečně とうとう、ついに	§4
koruna 女 コルナ	28
kost 女 骨	23
kostel 男 教会	24
kotě 中 子猫	27
koupit 完 買う	16
kouřit 完 タバコを吸う	18
krásný 美しい	§5
krátký 比：kratší 短い	29
kravata 女 ネクタイ	30
krev 女 血	22
krk 男 喉	§5
který どの、〜というもの	23
kuře 中 ひなどり	27
květen 男 5月	27

l

laskavý 親切な、優しい	31
leden 男 1月	27
lehkomyslný 軽率な	§7
lékař 男 医者	18
lekce 女 課、レッスン	27
lépe よりよく	29
lepší よりよい	29
les 男 森	31
letadlo 中 飛行機	15
létat 不完 飛ぶ、飛びまわる	28
letět 不完 飛ぶ	15
letiště 中 空港、飛行場	25
léto 中 夏	31
letos 今年	§7
ležet 不完 横たわっている、ある	15
-li もし、〜かどうか	32
líbit se 不完 気に入っている、好きだ	21
lidový 民衆の、民俗の	22
líný 怠惰な	§7
líp よりよく（口語）	29
listopad 男 11月	27
literatura 女 文学	11

m

málo 少しの	20
malovat 不完 絵を描く	11
malý 小さい	03
maminka 女 お母さん	11
manžel 男 夫	07
manželka 女 妻	07
mapa 女 地図	§6
Markéta 女 マルケータ（女の人の名）	05
matka 女 母	29
méně より少なく	29
menší より小さい	29
měsíc 男 月	§4
město 中 町	03
městský 町の、市立の	14
metro 中 地下鉄	15
mezi (+7) 〜の間で・に	32

243

Milan 男 ミラン（男の人の名）………	§1
milý 親愛な、親切な ………………	§7
míň より少なく（口語）……………	29
minulý 過去の ………………………	30
minuta 女 分 ……………………	29
místo 中 場所、席、職 ……………	§4
mít 不完	
① 持つ …………………………	09
② 〜のはずだ、〜することになっている	
…………………………	19
mladý 比：mladší 若い …………	21
mléko 中 ミルク …………………	02
mluvit 不完 話す …………………	10
mnoho たくさんの ………………	20
mobil 男 携帯電話 ………………	14
moc とても、すごく ………………	§2
moci / moct 不完	
① できる ………………………	12
② 〜かもしれない ………………	19
moderní モダンな、近代の………	13
modrý 青い ………………………	31
moře 中 海 ………………………	25
motorka 女 バイク ………………	01
můj 私の …………………………	08
muset 不完	
〜しなければならない、（〜の）はずだ、	
（〜に）違いない ………………	19
muzeum 中 博物館 ………………	28
muž 男 男、夫 ……………………	24
my 私たち ………………………	06
myslet 不完 思う、考える ………	10

n

na ① +4 〜（の上）へ・に ………	09
② +6 〜（の上）で・に ………	12
na shledanou さようなら ………	§1
nábytek 男 家具 …………………	§5
nad +7 〜の上方で・に …………	15
nádraží 中 駅 ……………………	03
najít 完 見つける …………………	§4
náměstí 中 広場 …………………	04

naproti +3 〜の向かい側に、反対側に	16
napsat 完 書き上げる ……………	§3
narodit se 完 生まれる …………	§7
nástroj 男 道具、器具 ……………	19
náš 私たちの ……………………	08
navíc しかも ……………………	§7
návštěva 女 訪問 ………………	16
navštěvovat 不完 訪問する、訪れる	§2
názor 男 意見 ……………………	31
ne いいえ ………………………	02
nebo あるいは …………………	11
něco 何か ………………………	§2
nedávno 最近 …………………	§4
neděle 女 日曜日 ………………	§6
nehoda 女 事故 …………………	13
nějaký 何らかの、ある …………	§4
někde どこかで・に ……………	21
někdo 誰か ………………………	26
několik いくつかの、いくらかの ……	20
není → být	
nést 不完 （歩いて）運ぶ ………	16
neteř 女 姪 ………………………	22
než ① より ………………………	29
② 〜より前に …………………	32
nic 何も〜ない …………………	§2
noc 女 夜 ………………………	23
noha 女 足 ………………………	31
nos 男 鼻 ………………………	22
nosit 不完 （繰り返し）運ぶ、身につけている	
…………………………	21
Novák 男 ノヴァーク（姓）………	04
noviny 女複 新聞 ………………	21
Nový 男 ノヴィー（姓）…………	§1
nový 新しい ……………………	03
nudný 退屈な …………………	§7

o

o +6 （〜に）ついて ……………	12
oba 両方の ………………………	§5
občas ときどき …………………	§2
oběd 男 昼食 ……………………	§3

obědvat 不完 昼食をとる	09
obchod 男 店	21
obvykle 普通、通常	09
od +2 ～から	23
odejít 完 出かける、出発する	23
odjet 完 (乗り物で) 出発する	§4
odjíždět 不完 (乗り物で) 出発する	29
odkud どこから	14
odpočinout si 完 休む	17
odpoledne 午後に	§3
odpovědět 完 答える	28
okno 中 窓	16
oko 中 目	31
on 彼、それ	06
ona 彼女、それ、それら	06
oni 彼ら	06
ono それ	06
ony 彼女たち、それら	06
osm 8	24
osmdesát 80	28
osmnáct 18	25
osmnáctý 18番目の	27
osmý 8番目の	26
ostříhat 完 (髪や爪を) 切る	23
otázka 女 質問	§6
otec 男 父	18
otevřít 完 開ける	22

p

padesát 50	25
památka 女 記憶、記念物、名所	19
paměť 女 記憶	23
pan 男 ～さん (男性に)	04
pán 男 男の人	16
paní 女 ～さん (既婚女性に)	04
park 男 公園	18
parkoviště 中 駐車場	25
pátek 男 金曜日	§6
patery 5	32
patnáct 15	25
patnáctý 15番目の	27

pátý 5番目の	26
peněženka 女 財布	30
peníze 男複 お金	21
pero 中 ペン	15
pes 男 犬	09
pěšky 歩いて	§5
pět 5	24
Petr 男 ペトル (男の人の名)	03
píseň 女 歌	22
pít 不完 飲む	11
pivo 中 ビール	01
plánovat 不完 計画する	§3
plavat 不完 泳ぐ	12
plést 不完 編む	§2
plný +2 ～でいっぱいの	§4
po +6 ～中を、～を介して、～の後	13
pobočka 女 支社、支店	20
počasí 中 天気	§2
počítač 男 コンピューター	19
počítat 不完 数える	24
pod +7 ～の下で・に	15
podobný (+3) 似ている	§7
podzim 男 秋	31
pokoj 男 部屋	19
pomáhat 不完 (+3) 助ける、手伝う	16
pomalu ゆっくりと	12
pomoct 完 (+3) 助ける、手伝う	23
pondělí 中 月曜日	§6
poradit 完 助言する	§4
posílat 不完 送る	30
poslouchat 不完 聞く	09
postel 女 ベッド	22
pošta 女 郵便局	04
potichu 静かに、そっと	10
potřebovat 不完 必要とする	11
povaha 女 性質	§7
pozdě 遅く、遅れて	§3
pozdravit 完 挨拶する	§4
pozvat 完 招待する	19
práce 女 仕事	20

245

pracovat 不完 働く	11
Praha 女 プラハ	12
pravda 女 真実	13
pravidelně 規則的に、定期的に	30
prázdniny 女複 休み、休暇	21
pro +4 〜のために・の	09
problém 男 問題	31
proč なぜ	23
prodávat 不完 売る	18
profesor 男 教授	§1
profesorka 女 教授	§1
procházka 女 散歩	16
promiňte すみません、恐れ入ります	18
pronajmout 完 賃貸する	17
pronajmout si 完 賃借りする	17
propiska 女 ボールペン	15
prosím どうぞ、どうも、お願いします、どういたしまして、何ですって	15
prosinec 男 12月	27
prosit 不完 頼む	26
proto だから	14
protože なぜなら	12
pršet 不完 雨が降る	12
průvodce 男 ガイド	26
první 1番目の、最初の	26
před +7 〜の前で・に	15
předem 前もって、あらかじめ	§6
přednáška 女 講義、講演	§3
přednášet 不完 講義する	13
předseda 男 議長	17
překvapit 完 驚かす	§6
přemýšlet 不完 熟考する	§4
přesto それにもかかわらず	§6
přicházet 不完 (歩いて) 来る、到着する	29
přijet 完 (乗り物で) 来る、到着する	§4
přijít 完 (歩いて) 来る、到着する	§3
přijíždět 不完 (乗り物で) 来る、到着する	29
přijmout 完 受け入れる	§4
přísný 厳しい	14
příští 次の	17
přítel 男 友人、恋人	21
přítelkyně 女 友人、恋人	§4
přivézt 完 (乗り物で) 運びこむ	§5
psací 書き物の、書くための	19
psát 不完 書く	12
ptát se 不完 (+2) 質問する、尋ねる	14
půl 半分	26

━━━━━━━━━━━ **r** ━━━━━━━━━━━

rád 比：raději, radši 好きだ、喜んで	11
rada 女 忠告、アドヴァイス	§7
rádio 中 ラジオ	13
radost 女 喜び	23
rameno 中 肩	31
ráno 中 朝	§3
referát 男 レポート	20
republika 女 共和国	18
restaurace 女 レストラン	20
rodiče 男複 両親	30
rodina 女 家族	30
rok 男 年	24
román 男 小説	30
rozejít se 完 (s +7) 別れる、解散する	§7
rozumět 不完 (+3) わかる、理解する	16
ruka 女 手	31
různý さまざまな、いろいろな	19
růže 女 バラ	20
ryba 女 魚	23
rychle 速く	10

━━━━━━━━━━━ **ř** ━━━━━━━━━━━

řeka 女 川	29
říct 完 いう	21
řídit 不完 運転する	10
říjen 男 10月	27
říkat 不完 話す、いう	30

━━━━━━━━━━━ **s** ━━━━━━━━━━━

s +7 〜と共に、〜と一緒に	15
sám 自分で、一人で	§2
se → sebe	11

Czech	Japanese	Page
sebe	自分自身	11
sedět 不完	座っている	18
sedm	7	24
sedmdesát	70	28
sedmnáct	17	25
sedmnáctý	17番目の	27
sedmý	7番目の	26
sem	ここへ・に	§5
sestra 女	姉、妹	§1
sestřenice 女	いとこ	§5
sešit 男	ノート	07
setkat se 完	(s +7) 会う	21
seznámit se 完	(s +7) 知りあう	31
schod 男	階段	29
schůze 女	会議	30
sklenice 女	コップ、グラス	20
skončit 完	終える、終わる	25
slečna 女	～さん（未婚女性に）	04
Slovák 男	スロヴァキア人	§1
Slovenka 女	スロヴァキア人	§1
slovník 男	辞書	02
slovo 中	単語	§4
slušet 不完	似合う	21
slyšet 不完	聞こえる	10
smět 不完	～してよい	19
Smetana 男	スメタナ（姓）	§1
smutno	悲しい	§5
snídat 不完	朝食をとる	09
sobota 女	土曜日	§6
sotva	～するとすぐに	32
soudce 男	裁判官	26
soukromí 中	プライヴァシー	§5
spát 不完	眠る	10
spokojený	s +7 (～に) 満足だ	§4
spolu	一緒に	§6
spravit 完	直す、修理する	23
srdce 中	心臓、心	§7
srpen 男	8月	27
stačit 不完	充分ある、間にあっている	§5
starý	比：starší ①古い	03
	②年老いた	10
stát 不完	① 立っている	10
	② ある	15
	③ ～だ（値段）	28
stát se 完	起こる、(+7) ～になる	18
stávat se 不完	起こる、(+7) ～になる	18
stipendium 中	奨学金	28
sto	100	28
století 中	世紀	30
strach 男	恐れ、心配	§7
stroj 男	機械	19
strýc 男	おじ	18
středa 女	水曜日	§6
střídavě	かわるがわる	§7
student 男	学生	05
studentka 女	学生	05
studentský	学生の	22
studium 中	学業、研究	§7
studovat 不完	研究する、専攻する	11
stůl 男	机、テーブル	02
svět 男	世界	13
svůj	自分の	21
syn 男	息子	09
synovec 男	甥	24

š

Czech	Japanese	Page
šachy 男複	チェス	§5
šálek 男	カップ	20
šaty 男複	ドレス、スーツ	21
šedesát	60	28
šéf 男	上司	17
šest	6	24
šestnáct	16	25
šestnáctý	16番目の	27
šestý	6番目の	26
škola 女	学校	16
špatně	悪く	13
špatný	悪い	23
šťastný	幸福な	30

t

Czech	Japanese	Page
tady	ここで・に	15

tak ① そんなに、それほど	…………	§2
② では	……………	17
také ～も	………………	§1
tam そこで・に、そこへ・に	…	09
tamhle そこに、向こうに	……	§5
taška 囡 バッグ	…………………	07
tatínek 男 お父さん	……………	11
téct 不完 流れる	………………	22
teď 今	…………………………	05
telefonovat 不完 電話する	……	16
ten その	…………………………	07
tenhle この	………………………	07
tenis 男 テニス	…………………	16
tento この	………………………	07
těší mě はじめまして	…………	§1
těšit se 不完 (na +4) 楽しみにする		§3
teta 囡 おば、おばさん	………	§2
těžký 比：těžší 重い、難しい	…	§3
tichý 比：tišší 静かな	…………	18
tisíc 1000	………………………	28
to これは，が	…………………	01
Tokio 中 東京	……………………	12
Tomáš 男 トマーシュ（男の人の名）	…	18
tramvaj 囡 路面電車、市電	……	22
trochu 少し	………………………	14
troje 3	…………………………	32
třetí 3番目の	……………………	26
tři 3	……………………………	24
třicátý 30番目の	………………	27
třicet 30	…………………………	25
třináct 13	………………………	25
třináctý 13番目の	………………	27
tu ここで・に	……………………	§7
turista 男 観光客、旅行客	……	17
tužka 囡 鉛筆	……………………	07
tvář 囡 頬、顔	…………………	22
tvůj 君の	…………………………	08
ty 君	……………………………	06
týden 男 週	………………………	17

▶▶▶ u ◀◀◀

u +2 ～のそばで、～のもとで	……	14
učit se 不完 学ぶ	………………	19
učitel 男 教師	……………………	18
učitelka 囡 教師	…………………	§4
udělat 完 する、作る	…………	22
ucho 中 耳	………………………	31
ukázat 完 見せる、示す	………	§6
uklidit 完 掃除する	……………	30
úkol 男 課題	……………………	16
ulice 囡 道、通り	………………	20
umělec 男 芸術家	………………	32
umělkyně 囡 芸術家	……………	32
umění 中 芸術	……………………	13
umět 不完 できる	………………	10
umýt 完 洗う	……………………	30
unavený 疲れた、疲れている	…	04
univerzita 囡 大学	………………	12
univerzitní 大学の	……………	14
únor 男 2月	………………………	27
usmát se 完 微笑む	……………	§4
ústa 中複 口	……………………	21
úterý 中 火曜日	…………………	§6
už もう	…………………………	§2

▶▶▶ v ◀◀◀

v +6 ～（の中）で・に	…………	12
vadit 不完 邪魔だ、さしさわりがある	…	§6
Vánoce 囡複 クリスマス	………	30
vařit 不完 沸かす、ゆでる、料理をする		10
váš 君たちの、あなた方の、あなたの	…	08
včas 時間通りに	…………………	§3
včera きのう	……………………	15
věc 囡 物、事、用事	……………	23
večer 男 夕方、夜	………………	§3
večeřet 不完 夕食をとる	………	10
večírek 男 パーティー	…………	21
vědět 不完 知っている	…………	13
Velikonoce 囡複 イースター、復活祭		30
velký 大きい	……………………	03
velmi とても、非常に	…………	10
venkov 男 田舎	…………………	§2

248

věřit 不完 (+3) 信じる、信用する 21
veselý 陽気な、楽しい 29
vesnice 女 村 .... §7
vést 不完 連れていく、導く 28
větší より大きい 29
vézt 不完 (乗り物で) 運ぶ 28
víc より多く (口語) 29
více より多く 29
vidět 不完 見える 10
vidlička 女 フォーク 16
víno 中 ワイン 02
vítězství 中 勝利 17
vlak 男 列車 15
vlastní 自分の、自らの 31
vnučka 女 孫娘 29
vnuk 男 孫 24
voda 女 水 02
vodit 不完 (何度も) 連れて行く、導く .. 28
volno 中 休日、非番 .... §6
vozit 不完 (乗り物で何度も) 運ぶ 28
vracet se 不完 帰る、戻る 17
vrátit se 完 帰る、戻る .... §3
vstupenka 女 入場券 18
všední 普通の、日常の 23
všechen すべての 27
vy 君たち、あなた方、あなた 06
vyjít 完 (歩いて) 出る、上る 29
výlet 男 遠足 14
vynikající 目立った、優れた 32
vypadat 不完 (～のように) 見える .. §2
vypít 完 飲み終える 30
vyřešit 完 解決する 32
vysoký 比：vyšší 高い 29
výstava 女 展覧会、展示会 28
výtah 男 エレベーター 29
vzít 完 取る 17
vzpomenout si 完 (na +4) 思い出す .. §7
vždycky いつも .... §2

z

z +2 ① ～から 14
② (～が) 原因で .... §5
za ① +7 ～の後ろで・に 15
② +7 ～のところへ 27
③ +4 ～の後ろへ・に .... §6
④ +4 ～あたり 30
zabývat se 不完 (+7) 従事する、取り組む
.... 32
začít 完 始める、始まる 17
záda 中複 背中 .... §5
zahrada 女 庭 .... §2
zahraničí 中 外国 20
zahraniční 外国の 20
zajímavý おもしろい、興味深い ..... §4
založit 完 創設・創立する、置く、入れる .. 30
zapomenout 完 忘れる 17
zapomínat 不完 忘れる .... §2
září 中 9月 27
zatím 今のところ、さしあたり .... §5
zavřít 完 閉める 22
zdát se 不完 (～の) ようだ、思われる .. 26
zelenina 女 野菜 13
zeptat se 完 (+2) 質問する、尋ねる .. 20
zima 女 冬、寒い 31
zítra 明日 17
zkouška 女 試験 .... §3
změnit 完 変える .... §7
znát 不完 知る、知っている 09
zpívat 不完 歌う 29
zpozdit 完 遅らせる 30
zpráva 女 知らせ、ニュース 13
ztratit 完 失う、なくす 30
zvědavý 知りたい、好奇心のある .... §7
zvolit 完 選出する 17

ž

že ～ということ 10
žena 女 女、妻 24
židle 女 椅子 .... §5
žít 不完 生きる、暮らす .... §2
život 男 生活、人生、生命 17
žízeň 女 のどの渇き 22

249

日本語・チェコ語語彙集

数字は初出の課数を、§は「応用と実践」の番号を示す。

あ

挨拶する pozdravit 完 pozdravovat 不完 ················ §4
(〜の) 間で・に mezi (+7) ············ 32
会う setkat se 完 (s +7) ············ 21
青い modrý ············ 31
赤い červený ············ 22
秋 podzim 男 ············ 31
開ける otevřít 完 ············ 22
あげる dát 完 ············ 22
　　　 dávat 不完 ············ 13
朝 ráno 中 ············ §3
足 noha 女 ············ 31
明日 zítra ············ 17
遊ぶ hrát si 不完 ············ 27
与える dát 完 ············ 22
　　　 dávat 不完 ············ 13
頭 hlava 女 ············ §5
頭のいい chytrý ············ 29
新しい nový ············ 03
〜あたり za +4 ············ 30
(〜の) 後 po +6 ············ 13
アドヴァイス rada 女 ············ §7
あなた vy ············ 06
　　 あなたの váš ············ 08
あなた方 vy ············ 06
　　 あなた方の váš ············ 08
兄 bratr 男 ············ §1
姉 sestra 女 ············ §1
アパート (建物) dům 男 ············ 15
　　　 (部屋) byt 男 ············ 13
編む plést 不完 ············ §2
雨が降る pršet 不完 ············ 12
洗う umýt 完 ············ 30
あらかじめ předem ············ §6
ありがとうございます děkuji vám ············ §1
ある být 不完 ············ 05
　　 (横になって) ležet 不完 ············ 15
　　 (立てて) stát 不完 ············ 15
ある nějaký ············ §4
歩いて pěšky ············ §5
あるいは nebo ············ 11
アルバイト brigáda 女 ············ 32

い

いい dobrý ············ 03
　　 比 : lepší ············ 29
いいえ ne ············ 02
イースター Velikonoce 女複 ············ 30
(〜であると) いいと思う doufat 不完 ············ 29
いう říct 完 ············ 21
　　　 říkat 不完 ············ 30
家 dům 男 ············ 15
家で doma ············ 05
家に (場所) doma ············ 05
　　 (方向) domů ············ §3
家へ domů ············ §3
いかに jak ············ 10
イギリス Anglie 女 ············ 20
イギリスの anglický ············ 11
生きる žít 不完 ············ §2
いくつ kolik ············ 24
いくつかの několik ············ 20
いくら kolik ············ 24
いくらかの několik ············ 20
行く (乗り物で) jet 不完 ············ 14
　　 (歩いて) jít 不完 ············ 14
意見 názor 男 ············ 31
居酒屋 hospoda 女 ············ §6
医者 lékař 男, lékařka 女 ············ 18
椅子 židle 女 ············ §5
以前 dříve ············ 15
痛い、痛む bolet 不完 ············ §5
1 jeden ············ 24
1月 leden 男 ············ 27
1番目の první ············ 26
いつ kdy ············ 23

250

一瞬 chvíle 女	§6
一緒に spolu	§6
(〜と) 一緒に s +7	15
(〜で) いっぱいの plný +2	§4
いつも vždycky	§2
いとこ bratranec 男	24
sestřenice 女	§5
田舎 venkov 男	§2
犬 pes 男	09
今 teď	05
今のところ zatím	§5
妹 sestra 女	§1
いる být 不完	05
入れる založit 完	30
いろいろな různý	19
イングランド Anglie 女	20

う

飢え hlad 男	22
ウェイター číšník 男	16
(〜の) 上で na +6	12
(〜の) 上に (方向) na +4	09
(場所) na +6	12
(〜の) 上へ na +4	09
受け入れる přijmout 完	§4
受け取る dostat 完	23
失う ztratit 完	30
(〜の) 後ろで za +7	15
(〜の) 後ろに (場所) za +7	15
(方向) za +4	§6
(〜の) 後ろへ za +4	§6
歌 píseň 女	22
歌う zpívat 不完	29
美しい krásný	§5
生まれる narodit se 完	§7
海 moře 中	25
売る prodávat 不完	18
運転する řídit 不完	10

え

映画 film 男	03
映画館 kino 中	01

英語 angličtina 女	11
英語で anglicky	10
英語の anglický	11
駅 nádraží 中	03
エリシュカ Eliška 女	03
エレベーター výtah 男	29
絵を描く malovat 不完	11
演劇 divadlo 中	24
演奏する hrát 不完 (na +4)	11
遠足 výlet 男	14
鉛筆 tužka 女	07

お

甥 synovec 男	24
おいしい dobrý	03
終える skončit 完	25
大きい velký	03
比： větší	29
お母さん maminka 女	11
お金 peníze 男複	21
置く založit 完	30
遅らせる zpozdit 完	30
送る posílat 不完	30
遅れて pozdě	§3
お元気ですか。 Jak se máte?	§1
おこなう konat 不完	28
起こる stát se 完 stávat se 不完	18
おじ strýc 男	18
おじいさん dědeček 男	10
遅く pozdě	§3
恐れ strach 男	§7
恐れ入ります promiňte	18
恐れる bát se 不完	14
お茶 čaj 男	19
夫 manžel 男	07
muž 男	24
お父さん tatínek 男	11
弟 bratr 男	§1
男 muž 男	24
男の子 chlapec 男	§1
男の人 pán 男	16

日本語	チェコ語	参照
訪れる	navštěvovat 不完	§2
驚かす	překvapit 完	§6
お願いします	prosím	15
おば	teta 女	§2
おばあさん	babička 女	10
おばさん	teta 女	§2
おはようございます	dobré ráno	§1
重い	těžký 比：těžší	§3
思い出す	vzpomenout si 完 (na+4)	§7
思う	myslet 不完	10
おもしろい	zajímavý	§4
主な	hlavní	04
思われる	zdát se 不完	26
おやすみなさい	dobrou noc	§1
泳ぐ	plavat 不完	12
終わる	skončit 完	25
音楽	hudba 女	09
音楽の	hudební	19
女	žena 女	24
女の子	dívka 女	§1

か

日本語	チェコ語	参照
課	lekce 女	27
会議	schůze 女	30
解決する	vyřešit 完	32
外国	zahraničí 中	20
外国の	cizí	19
	zahraniční	20
解散する	rozejít se 完 (s +7)	§7
（〜を）介して	po +6	13
会社	firma 女	18
階段	schod 男	29
ガイド	průvodce 男	26
買う	koupit 完	16
帰る	vrátit se 完	§3
	vracet se 不完	17
変える	změnit 完	§7
顔	tvář 女	22
書き上げる	napsat 完	§3
書き物の	psací	19
書く	psát 不完	12
家具	nábytek 男	§5
学業	studium 中	§7
学生	student 男, studentka 女	05
学生の	studentský	22
書くための	psací	19
学部	fakulta 女	20
過去の	minulý	30
傘	deštník 男	09
数える	počítat 不完	24
家族	rodina 女	30
肩	rameno 中	31
課題	úkol 男	16
学校	škola 女	16
カップ	šálek 男	20
家庭の	domácí	16
〜かどうか	jestli	13
	-li	32
悲しい	smutno	§5
かなり	dost	§3
彼女	ona	06
彼女の	její	08
彼女たち	ony	06
彼女たちの	jejich	08
〜かもしれない	moci / moct 不完	19
火曜日	úterý 中	§6
通う（歩いて）	chodit 不完	15
（乗り物で）	jezdit 不完	15
〜から	od +2	23
	z +2	14
彼	on	06
彼の	jeho	08
彼ら	oni	06
彼らの	jejich	08
カレル	Karel 男	09
川	řeka 女	29
かわるがわる	střídavě	§7
考える	myslet 不完	10
観光客	turista 男, turistka 女	17
感じる	cítit 不完	19

き

記憶	památka 女	19
	paměť 女	23
機械	stroj 男	19
聞く	poslouchat 不完	09
器具	nástroj 男	19
聞こえる	slyšet 不完	10
技師	inženýr 男	04
	inženýrka 女	06
規則的に	pravidelně	30
議長	předseda 男, předsedkyně 女	17
気に入っている	líbit se 不完	21
記念物	památka 女	19
きのう	včera	15
機能する	fungovat 不完	29
厳しい	přísný	14
希望する	doufat 不完	19
君	ty	06
君の	tvůj	08
君たち	vy	06
君たちの	váš	08
9	devět	24
休暇	dovolená 女	17
	prázdniny 女複	21
休日	volno 中	§6
90	devadesát	28
9番目の	devátý	26
教会	kostel 男	24
教師	učitel 男	18
	učitelka 女	§4
教授	profesor 男, profesorka 女	§1
興味深い	zajímavý	§4
共和国	republika 女	18
今日	dnes	12
(髪や爪を)切る	ostříhat 完	23
きれいな	hezký 比：hezčí	§2
銀行	banka 女	12
近代の	moderní	13
金曜日	pátek 男	§6

く

空港	letiště 中	25
9月	září 中	27
口	ústa 中複	21
暮らす	žít 不完	§2
グラス	sklenice 女	20
クリスマス	Vánoce 女複	30
来る(歩いて)	přijít 完	§3
	přicházet 不完	29
(乗り物で)	přijet 完	§4
	přijíždět 不完	29
車	auto 中	02
黒い	černý	14

け

計画する	plánovat 不完	§3
芸術	umění 中	13
芸術家	umělec 男, umělkyně 女	32
軽率な	lehkomyslný	§7
携帯電話	mobil 男	14
劇場	divadlo 中	24
月曜日	pondělí 中	§6
(〜が)原因で	z +2	§5
元気？	Jak se máš?	§1
研究	studium 中	§7
研究する	studovat 不完	11
言語	jazyk 男	11

こ

5	pět	24
	patery	32
恋人	přítel 男	21
	přítelkyně 女	§4
公園	park 男	18
講演	přednáška 女	§3
講義	přednáška 女	§3
好奇心のある	zvědavý	§7
講義する	přednášet 不完	13
交通の	dopravní	18
幸福な	šťastný	30
コーヒー	káva	02
5月	květen 男	27

国内の	domácí	16
ここで	tady	15
	tu	§7
ここに（場所）	tady	15
（場所）	tu	§7
（方向）	sem	§5
午後に	odpoledne	§3
ここへ	sem	§5
心	srdce 中	§7
50	padesát	25
古書店	antikvariát 男	20
午前に	dopoledne	§3
答える	odpovědět 完	28
コップ	sklenice 女	20
今年	letos	§7
事	věc 女	23
子ども	dítě 中	27
子猫	kotě 中	27
この	tento, tenhle	07
5番目の	pátý	26
コルナ	koruna 女	28
これは・が	to	01
怖い	bát se 不完	14
コンサート	koncert 男	22
こんにちは	dobrý den	§1
こんばんは	dobrý večer	§1
コンピューター	počítač 男	19

さ

最近	nedávno	§4
最初の	první	26
裁判官	soudce 男, soudkyně 女	26
財布	peněženka 女	30
探す	hledat 不完	09
魚	ryba 女	23
さしあたり	zatím	§5
さしさわりがある	vadit 不完	§6
サッカー	fotbal 男	12
雑誌	časopis 男	12
さまざまな	různý	19
寒い	chladno, zima	31

さようなら	na shledanou	§1
～さん（男性）	pan 男	04
（既婚女性）	paní 女	04
（未婚女性）	slečna 女	04
3	tři	24
	troje	32
3月	březen 男	27
30	třicet	25
30番目の	třicátý	27
3番目の	třetí	26
散歩	procházka 女	16

し

～時	hodina 女	25
しかし	ale	08
4月	duben 男	27
しかも	navíc	§7
時間	čas 男	20
	hodina 女	25
時間通りに	včas	§3
試験	zkouška 女	§3
事故	nehoda 女	13
仕事	práce 女	20
支社	pobočka 女	20
辞書	slovník 男	02
静かな	tichý 比：tišší	18
静かに	klidně, potichu	10
～したい	chtít 不完	13
（～の）下で・に	pod +7	15
7月	červenec 男	27
知っている	vědět 不完	13
	znát 不完	09
質問	otázka 女	§6
質問する	zeptat se 完	20
	ptát se 不完	14
～してよい	smět 不完	19
支店	pobočka 女	20
市電	tramvaj 女	22
自転車	kolo 中	01
～しなければならない	muset 不完	19
自分自身	sebe	11

日本語	チェコ語	参照
自分で	sám	§2
自分の	svůj	21
	vlastní	31
事務所	kancelář 女	32
示す	ukázat 完	§5
閉める	zavřít 完	22
邪魔だ	vadit 不完	§6
週	týden 男	17
10	deset	24
11	jedenáct	25
11月	listopad	27
11番目の	jedenáctý	26
10月	říjen	27
19	devatenáct	25
19番目の	devatenáctý	27
住居	byt 男	13
15	patnáct	25
15番目の	patnáctý	27
15分	čtvrt 男	§6
13	třináct	25
13番目の	třináctý	27
従事する	zabývat se 不完 (+7)	32
絨毯	koberec 男	19
17	sedmnáct	25
17番目の	sedmnáctý	27
12	dvanáct	25
12月	prosinec 男	27
12番目の	dvanáctý	26
18	osmnáct	25
18番目の	osmnáctý	27
10番目の	desátý	26
充分ある	stačit 不完	§5
充分に	dost	§3
14	čtrnáct	25
14番目の	čtrnáctý	27
修理する	spravit 完	23
16	šestnáct	25
16番目の	šestnáctý	27
〜中を	po +6	13
宿泊する	bydlet 不完	12
熟考する	přemýšlet 不完	§4
(歩いて)出発する	odejít 完	23
(乗り物で)出発する	odjet 完	§4
	odjíždět 不完	29
主要な	hlavní	04
瞬間	chvíle 女	§6
上映する	dávat 不完	13
上演する	dávat 不完	13
奨学金	stipendium 中	28
上司	šéf 男	17
少女	dívka 女	§1
上手に	dobře	10
比:	lépe, (口語) líp	29
小説	román 男	30
招待する	pozvat 完	19
少年	chlapec 男	§1
情報	informace 女	21
(〜の)上方で・に	nad +7	15
勝利	vítězství 中	17
職	místo 中	§4
助言する	poradit 完	§4
しょっちゅう	často	§2
書店	knihkupectví 中	20
知らせ	zpráva 女	13
知りあう	seznámit se 完 (s +7)	31
知りたい	zvědavý	§7
市立の	městský	14
知る	znát 不完	09
城	hrad 男	18
白い	bílý	32
親愛な	milý	§7
真実	pravda 女	13
信じる	věřit 不完 (+3)	21
人生	život 男	17
親切な	laskavý	31
	milý	§7
心臓	srdce 中	§7
心配	strach 男	§7
新聞	noviny 女複	21
信用する	věřit 不完 (+3)	21

255

す

水曜日	středa 女	§6
スーツ	šaty 男複	21
好きだ	líbit se 不完	21
	rád	11
	比：raději, radši	29
すぐに	brzy	§6
優れた	vynikající	32
少し	trochu	14
少しの	málo	20
	比：méně,（口語）míň	29
すごく	moc	§2
すばらしい	hezký 比：hezčí	§2
すべての	všechen	27
すみません	promiňte	18
住む	bydlet 不完	12
スメタナ	Smetana 男	§1
する	dělat 不完	09
	udělat 完	22
（スポーツを）する	hrát 不完	12
〜することになっている	mít 不完	19
〜するために	aby	26
〜するとすぐに	sotva	32
〜するように	ať	23
スロヴァキア人	Slovák 男, Slovenka 女	
		§1
座っている	sedět 不完	18

せ

生活	život 男	17
世紀	století 中	30
性質	povaha 女	§7
生命	život 男	17
世界	svět 男	13
席	místo 中	§4
背中	záda 中複	§5
1000	tisíc	28
専攻する	studovat 不完	11
選出する	zvolit 完	17
線路	kolej 女	22
全体の	celý	13

| 全部の | celý | 13 |

そ

掃除する	uklidit 完	30
創設する	založit 完	30
創立する	založit 完	30
そこで・に	tam	09
	tamhle	§5
そこへ	tam	09
そして	a	01
そっと	potichu	10
その	jeho, její	08
	ten	07
（〜の）そばで	u +2	14
それ	on, ona, ono	06
それぞれの	každý	21
それで	a tak	20
それにもかかわらず	přesto	§6
それほど	tak	§2
それら	ona, ony	06
それらの	jejich	08
そんなに	tak	§2

た

〜だ	být 不完	05
〜だ（値段）	stát 不完	28
大学	univerzita 女	12
大学の	univerzitní	14
退屈な	nudný	§7
怠惰な	líný	§7
高い	drahý（値段）比：dražší	18
	vysoký 比：vyšší	29
だから	a proto, proto	14
	a tak	20
たくさん	hodně	19
	比：více,（口語）víc	29
たくさんの	mnoho	20
	比：více,（口語）víc	29
だけ	jen	16
助ける	pomoct 完 (+3)	23
	pomáhat 不完 (+3)	16
尋ねる	zeptat se 完	20

日本語	チェコ語	ページ
	ptát se 不完	14
たちまち	brzy	§6
達する	dosáhout 完	17
立っている	stát 不完	10
楽しい	veselý	29
楽しませる	bavit 不完	§4
楽しみにする	těšit se 不完	§3
頼む	prosit 不完	26
タバコを吸う	kouřit 不完	18
たぶん	asi	16
食べる	jíst 不完	13
(〜の) ために・の	pro +4	09
誰	kdo	§1
誰か	někdo	26
誰の	čí	07
単語	slovo 中	§4

ち

日本語	チェコ語	ページ
血	krev 女	22
小さい	malý	03
	比：menší	29
チェコ語	čeština 女	11
チェコ語の	český	11
チェコ人	Čech 男, Češka 女	05
チェコの	český	11
チェス	šachy 男複	§5
チェスキー・クルムロフ	Český Krumlov 男	15
近い	blízký 比：bližší	29
(〜に) 違いない	muset 不完	19
近くに	blízko (+2) 比：blíže	§5
地下鉄	metro 中	15
地図	mapa 女	§6
父	otec 男	18
チャペック	Čapek 男	§1
忠告	rada 女	§7
駐車場	parkoviště 中	25
昼食	oběd 男	§3
昼食をとる	obědvat 不完	09
中心	centrum 中	28
中心地	centrum 中	28

日本語	チェコ語	ページ
(飲み物や食べ物を) 注文する	dát si 完	23
朝食をとる	snídat 不完	09
賃貸しする	pronajmout 完	17
賃借りする	pronajmout si 完	17

つ

日本語	チェコ語	ページ
(〜に) ついて	o +6	12
ついに	konečně	§4
通常	obvykle	09
疲れた、疲れている	unavený	04
月	měsíc 男	§4
次の	příští	17
	druhý	26
机	stůl 男	02
作る	dělat 不完	09
	udělat 完	22
妻	manželka 女	07
	žena 女	24
連れていく	vést 不完	28
(何度も)	vodit 不完	28

て

日本語	チェコ語	ページ
手	ruka 女	31
〜で (場所)	na +6, v +6	12
〜であろうに	by	25
定期的に	pravidelně	30
テーブル	stůl 男	02
出かける	odejít 完	23
手紙	dopis 男	12
〜できる	moci / moct 不完	12
	dát se 完・不完	23
	umět 不完	10
手伝う	pomoct 完 (+3)	23
	pomáhat 不完 (+3)	16
テニス	tenis 男	16
では	tak	17
出る (歩いて)	vyjít 完	29
天気	počasí 中	§2
展示会	výstava 女	28
展覧会	výstava 女	28
電話する	telefonovat 不完	16

と

日本語	チェコ語	参照
ドア	dveře 女複	22
〜ということ	že	10
〜というもの	který	23
	jenž	32
どういたしまして	prosím	15
東京	Tokio 中	12
道具	nástroj 男	19
どうぞ	prosím	15
到着する（歩いて）	přijít 完	§3
	přicházet 不完	29
（乗り物で）	přijet 完	§4
	přijíždět 不完	29
とうとう	konečně	§4
どうも	díky	§1
どうも	prosím	15
同僚	kolega 男, kolegyně 女	17
遠くに	daleko 比:dále	29
通り	ulice 女	20
（〜の）とき	když	§2
	až	§4
ときどき	občas	§2
読書をする	číst 不完	12
どこかで・に	někde	21
どこから	odkud	14
どこで	kde	05
どこに（場所）	kde	05
（方向）	kam	14
どこへ	kam	14
（〜の）ところへ	za +7	27
年	rok 男	24
年老いた	starý 比:starší	10
〜として	jako	11
図書館	knihovna 女	08
とても	velmi	10
	moc	§2
どの	který	23
どのように	jak	10
飛びまわる	létat 不完	28
飛ぶ	létat 不完	28
	letět 不完	15
トマーシュ	Tomáš 男	18
（〜と）共に	s +7	15
とりかかる	dát se 完 (do +2)	23
取り組む	zabývat se 不完 +7	32
取る	vzít 完	17
土曜日	sobota 女	§6
ドレス	šaty 男複	21
どんな	jaký	04
	co za +4	§6

な

日本語	チェコ語	参照
（〜の）ない	bez +2	14
直す	spravit 完	23
中庭	dvůr 男	12
長い間	dlouho	19
	比:déle,（口語）dýl	29
長い	dlouhý 比:delší	29
長く	dlouho	19
	比:déle,（口語）dýl	29
（〜の）中で	v +6	12
（〜の）中に（場所）	v +6	12
（方向）	do +2	14
（〜の）中へ	do +2	14
流れる	téct 不完	22
なくす	ztratit 完	30
〜なしの	bez +2	14
なぜ	proč	23
なぜなら	protože	12
夏	léto	31
7	sedm	24
70	sedmdesát	28
7番目の	sedmý	26
何	co	01
何か	něco	§2
何も〜ない	nic	§2
〜なのだが	by	25
名前	jméno 中	18
（〜という）名前だ	jmenovat se 不完	11
（〜に）なる	stát se 完 (+7)	18
	stávat se 不完 (+7)	18

日本語	チェコ語	ページ
何ですって	prosím	15
何番目の	kolikátý	27
何らかの	nějaký	§4

に

日本語	チェコ語	ページ
2	dva	24
	dvoje	32
～（の上）に（場所）	na +6	12
（方向）	na +4	09
～（の中）に（場所）	v +6	12
（方向）	do +2	14
似合う	slušet 不完	21
2月	únor 男	27
20	dvacet	25
20番目の	dvacátý	27
日常の	všední	23
日曜日	neděle 女	§6
日中	den 男	16
似ている	podobný (+3)	§7
2番目の	druhý	26
日本	Japonsko 中	14
日本語	japonština 女	§3
日本語の	japonský	§3
日本人	Japonec 男, Japonka 女	§1
日本の	japonský	§3
～にもかかわらず	ačkoli	32
	i když	§5
入場券	vstupenka 女	18
ニュース	zpráva 女	13
庭	zahrada 女	§2
人間	člověk 男	25

ね

日本語	チェコ語	ページ
ネクタイ	kravata 女	30
猫	kočka 女	09
眠る	spát 不完	10

の

日本語	チェコ語	ページ
ノヴァーク	Novák 男	04
ノヴィー	Nový 男	§1
ノート	sešit 男	07
喉	krk 男	§5
のどの渇き	žízeň 女	22
上る（歩いて）	vyjít 完	29
～のみ	jen	16
飲み終える	vypít 完	30
飲む	pít 不完	11

は

日本語	チェコ語	ページ
パーティー	večírek 男	21
はい	ano	01
バイク	motorka 女	01
博物館	muzeum 中	28
運びこむ（乗り物で）	přivézt 完	§5
運ぶ（歩いて）	nést 不完	16
	nosit 不完	21
（乗り物で）	vézt 不完	28
	vozit 不完	28
走る	běhat 不完	09
	běžet 不完	28
始まる	začít 完	17
はじめまして	těší mě	§1
始める	dát se 完 (do +2)	23
	začít 完	17
場所	místo 中	§4
バス	autobus 男	02
(～の)はずだ	mít 不完, muset 不完	19
働く	pracovat 不完	11
8	osm	24
8月	srpen	27
80	osmdesát	28
8番目の	osmý	26
バッグ	taška 女	07
鼻	nos 男	22
話す	mluvit 不完	10
	říkat 不完	30
母	matka 女	29
パブ	hospoda 女	§6
速く	rychle	10
バラ	růže 女	20
春	jaro 中	31
(～の)反対側に	naproti +3	16
半分	půl	26

ひ

日 den 男	16
ピアニスト klavírista 男	17
ピアノ klavír 男	11
ビール pivo 中	01
飛行機 letadlo 中	15
飛行場 letiště 中	25
膝 koleno 中	31
非常に velmi	10
必要とする potřebovat 不完	11
人 člověk 男	25
1人で sám	§2
ひなどり kuře 中	27
非番 volno 中	§6
100 sto	28
広場 náměstí 中	04

ふ

フィリップ Filip 男	05
フォーク vidlička 女	16
普通 obvykle	09
普通の všední	23
復活祭 Velikonoce 女	30
冬 zima 女	31
プライヴァシー soukromí 中	§5
プラハ Praha 女	12
古い starý 比:starší	03
ブルノ Brno 中	14
古本屋 antikvariát 男	20
分 minuta 女	29
文学 literatura 女	11

へ

～(の上)へ na +4	09
～(の中)へ do +2	14
平安に klidně	10
ベッド postel 女	22
ペトル Petr 男	03
部屋 pokoj 男	19
ペン pero 中	15

ほ

奉仕活動 brigáda 女	32
(～の)方へ k +3	16
訪問 návštěva 女	16
訪問する navštěvovat 不完	§2
頬 tvář 女	22
ボールペン propiska 女	15
他の druhý	26
欲しい chtít 不完	13
ホテル hotel 男	13
骨 kost 女	23
微笑む usmát se 完	§4
本 kniha 女	01
ホンザ Honza 男	17
本棚 knihovna 女	08
本屋 knihkupectví 中	20

ま

毎～ každý	21
(～の)前で・に před +7	15
前もって předem	§6
孫 vnuk 男	24
孫娘 vnučka 女	29
まだ ještě	08
またね ahoj, čau	§1
町 město 中	03
町の městský	14
待つ čekat 不完 (na+4)	09
～まで až	§3
窓 okno 中	16
学ぶ učit se 不完	19
間にあっている stačit 不完	§5
マルケータ Markéta 女	05
まるで～であるかのように jako by	32
(～に)満足だ spokojený s +7	§4

み

見える vidět 不完	10
(～のように)見える vypadat 不完	§2
見知らぬ cizí	19
短い krátký 比:kratší	29
自らの vlastní	31
水 voda 女	02
店 obchod 男	21

見せる ukázat 完	§6
道 cesta 女	28
ulice 女	20
導く vést 不完, vodit 不完	28
見つける najít 完	§4
身につけている nosit 不完	21
耳 ucho 中	31
未来の budoucí	32
ミラン Milan 男	§1
見る dívat se 不完	32
ミルク mléko 中	02
民衆の lidový	22
民俗の lidový	22

む

(〜の) 向かい側に naproti +3	16
向こうに tamhle	§5
息子 syn 男	09
娘 dcera 女	09
難しい těžký 比：těžší	§3
村 vesnice 女	§7

め

目 oko 中	31
姪 neteř 女	22
名所 památka 女	19
眼鏡 brýle 女複	21
目立った vynikající	32

も

〜も i	§5
také	§1
〜も (ない) ani	32
もう už	§2
木曜日 čtvrtek 男	§6
もし jestli	13
kdyby	26
-li	32
モダンな moderní	13
持つ mít 不完	09
(〜の) もとで u +2	14
戻る vrátit se 完	§3
vracet se 不完	17

物 věc 女	23
森 les 男	31
問題 problém 男	31

や

やあ ahoj, čau	§1
約 asi	16
野菜 zelenina 女	13
優しい laskavý	31
休み prázdniny 女複	21
休む odpočinout si 完	17
ヤナ Jana 女	§1
ヤン Jan 男	§1

ゆ

夕方 večer 男	§3
夕食をとる večeřet 不完	10
友人 kamarád 男, kamarádka 女	§1
přítel 男	21
přítelkyně 女	§4
郵便局 pošta 女	04
ゆっくりと pomalu	12
ゆでる vařit 不完	10

よ

陽気な veselý	29
用事 věc 女	23
(〜の) ようだ zdát se 不完	26
よく dobře	10
比：lépe, (口語) líp	29
よく často	§2
よくある bývat 不完	31
よく起こる bývat 不完	31
よく通う chodívat 不完	31
横たわっている ležet 不完	15
読む číst 不完	12
より než	29
〜より前に než	32
夜 noc 女	23
večer 男	§3
喜び radost 女	23
喜んで rád	11
比：raději, radši	29

4 čtyři		24
čtvery		32
40 čtyřicet		25
4番目の čtvrtý		26
4分の1 čtvrt		§6

ら

ラジオ rádio 中		13

り

理解する rozumět 不完 (+3)		16
利口な chytrý		29
リュックサック batoh		07
両親 rodiče 男複		30
両方の oba		§5
料理をする vařit 不完		10
寮 kolej 女		22
旅行 cesta 女		28
旅行客 turista 男, turistka 女		17
旅行する cestovat 不完		13

れ

歴史的な historický		19
レストラン restaurace 女		20
列車 vlak 男		15
レッスン lekce 女		27
レポート referát 男		20

ろ

6 šest		24
6月 červen		27
60 šedesát		28
6番目の šestý		26
路面電車 tramvaj 女		22

わ

ワイン víno 中		02
若い mladý 比：mladší		21
沸かす vařit 不完		10
わかる rozumět 不完 (+3)		16
別れる rozejít se 完 (s+7)		§7
忘れる zapomenout 完		17
zapomínat 不完		§2
私 já		06
私の můj		08
私たち my		06
私たちの náš		08
悪い špatný		23
比：horší		29
悪く špatně		13
比：hůře,（口語）hůř		29

著 者
金指久美子（かなざし　くみこ）
　1964年生まれ。東京外国語大学卒業。東京大学大学院修了。スラブ語学・スラブ文献学専攻。現在、東京外国語大学教授。
　主な著書・編書
『必携ロシア語変化総まとめ』（共編訳・白水社）、『チェコ語基礎1500語』（大学書林）、『チェコ語会話練習帳』（大学書林）、『変化型で見るチェコ語単語集3000』（大学書林）、『スロヴェニア語入門』（大学書林）、『スロヴェニア語日本語小辞典』（大学書林）、『チェコ語のしくみ』（白水社）、『中級チェコ語文法』（白水社）、『スロヴェニア語文法』（三修社）

●音声ダウンロード・ストリーミング

本書の付属CDと同内容の音声がダウンロードならびにストリーミング再生でご利用いただけます。PC・スマートフォンで本書の音声ページにアクセスしてください。

https://www.sanshusha.co.jp/np/onsei/isbn/9784384056945/

チェコ語の基本
― 入門から中級の入り口まで ―

2012年 8 月20日　第 1 刷発行
2024年 7 月20日　第10刷発行

著　者 ── 金指久美子
発行者 ── 前田俊秀
発行所 ── 株式会社 三修社
　　　　　〒150-0001　東京都渋谷区神宮前2-2-22
　　　　　TEL 03-3405-4511
　　　　　FAX 03-3405-4522
　　　　　振替 00190-9-72758
　　　　　https://www.sanshusha.co.jp
　　　　　編集担当　三井るり子

印刷所 ── 萩原印刷株式会社
製本所 ── 株式会社松岳社

©Kumiko Kanazashi 2012 Printed in Japan
ISBN978-4-384-05694-5 C1087

カバーデザイン ── やぶはなあきお
カバーイラスト ── 一志敦子
DTP　　　　　 ── クゥール・エ
写真提供　　　 ── 塚本公平 (p. 37, 48, 80)
CD制作　　　　── 株式会社メディアスタイリスト

JCOPY 〈出版者著作権管理機構 委託出版物〉

本書の無断複製は著作権法上での例外を除き禁じられています。複製される場合は、そのつど事前に、出版者著作権管理機構（電話 03-5244-5088 FAX 03-5244-5089 e-mail: info@jcopy.or.jp）の許諾を得てください。